KB234496

300일간 하루에 하나씩 감사로 그려가는

꿈을 위한 기적지도

엄남미 지음

감사의 뿌리가 기적의 열매를 맺는다

미래에 이루어질 나의 꿈에 미리 감사하라, 기적이 이루어진다!

300일간 하루에 하나씩 **감사**로 그려가는

꿈을 위한 기적지도

엄남미 지음

차례

프롤로그 · 6

PART 1

나의 꿈을 위한 90일 감사

Chapter1 나를 위한 감사 · 12

Chapter2 나를 위한 100가지 선물 · 17

▸ STEP 1 나는 누구인가? · 20

▸ STEP 2 나는 언제 행복한가? · 42

▸ STEP 3 감사를 표현해보자 · 64

PART 2

꿈의 기적지도를 위한 90일 감사

Chapter1 꿈을 위한 감사 · 88

▸ STEP 4 나의 꿈을 찾아보자 · 91

Chapter2 꿈의 기적지도 그리기 · 112

Chapter3 나의 소원은? · 120

▸ STEP 5 왜 그 꿈을 이루고 싶은가? · 124

▸ STEP 6 목표를 세워보자 · 146

PART 3

꿈의 기적을 이루는 90일 감사

Chapter1 기적을 이루는 감사 · 170

Chapter2 나의 꿈 점검하기 · 180

Chapter3 소원은 삼세번 · 184

▸ STEP 7 기적을 만들어보자 · 192

PART 4

모두의 꿈을 위한 30일 감사

Chapter1 모두를 위한 감사 · 256

▸ STEP 8 모든 것에 감사하자! · 259

Chapter2 꿈의 기적지도가 필요한 이유 · 280

에필로그 · 293

▸ 부록 꿈의 기적지도 이정표 만들기 · 295

프롤로그

요즘은 운에 관한 책이 인기다. '운'이라는 단어에는 두 가지 뜻이 있는데, **첫째는 이미 정해져서 인간의 힘으로는 어쩔 수 없는 천운**이란 뜻이 있다. 운은 움직이는 에너지로 실제로 우리의 삶을 지배한다. 이미 정해진 운은 우리가 바꿀 수 없는 세상의 이치, 즉 날씨와 환경, 이미 받은 유전자 등이 있다.

둘째는 어떤 일이 잘 이루어지는 운수란 뜻으로, 그 운은 '감사'를 말한다. 성공한 사람들이나 운이 좋은 사람들을 보면 평소에 말과 행동이 긍정적인 부분이 많다. 그들은 만나는 사람들에게 반드시 감사의 인사를 전한다. 당연히 관계가 좋게 바뀐다. 운이 좋은 사람들은 운이 저절로 끌려올 수밖에 없는 상황을 적극적으로 만든다. 행복 연구자들은 그들이 의식적으로나 의도적으로 감사메모를 하고 있다는 사실을 밝혀냈다. 그러니 **운이라는 것은 노력하면**

얼마든지 바뀔 수 있다. 그 시작은 감사하는 감정을 깊이 느끼는 것이다.

왜 성공에 관한 책에서는 감사를 많이 하면 꿈이 이루어진다고 하는지 알아보고 싶었다. 감사 실천을 정말 많이 하면 어떻게 되는지 스스로 실험하기로 했다. 필자는 원래 감사를 잘하는 성격이 아니었다. 가난한 어린 시절을 보냈고, 삶에 불평이 가득했으며, 항상 미래가 막막하게 느껴졌다. 하지만 7년을 하루도 안 빠지고 감사메모를 쓴 결과, 운이 크게 좋게 바뀌었다.

운이 바뀐다는 것은 진짜 자신으로 살아가는 것을 뜻한다. 운이 좋아지면 진정으로 바라는 꿈을 이루게 된다. 매일 일어나는 게 굉장히 설레고, 활력이 가득하고, 즐겁다. 이런 즐거운 감정의 주인이 되도록 하는 것이 감사메모이다.

많은 독자들이 감사메모를 통해 꿈을 이루고 행복하게 살면 세상이 좀 더 밝아질 수 있을 것이란 강력한 확신으로 책을 기획했다. **자신의 진짜 꿈을 적어보고 감사의 감정을 깊이 느낄 때 진짜 기적이 찾아온다.** 좋은 일이든 나쁜 일이든 감사를 하게 되면 더 좋은 쪽으로 바뀐다. 감사의 감정을 느낄 수 있도록 감사메모를 매일 하루에 한 장 깊이 음미하면서 메모하면 좋은 일이 생길 것이다.

처음부터 감사를 잘 하는 사람은 없다. **연습과 훈련이 필요하다.** 실제로 함께 감사훈련을 한 사람들은 감사메모를 적은 후 크게 긍정적인 사람으로 바뀌었다.

어떻게 그게 가능했을까? 함께 감사메모 하는 지인들에게 물어봤다. 그들은 사람들과의 관계 속에서, 아니면 책에서, 아니면 역경 극복의 이야기에서 감사하라고 하니까 따라했다고 한다.

그런데 실제로 삶에서 좋은 일들이 계속 일어나는 것을 보게 되었고, 그것이 감사 덕분이라고 한다. 한두 명이 아니라 감사메모를 적은 모든 사람들이 예외 없이 그런 이야기를 전해준다.

크게 감사하니 좋은 일들이 생긴다는 실제 주인공들의 이야기를 들을 때마다 감사메모의 효력을 절실히 느낀다. 이렇게 **주변에 감사하는 사람이 많을수록 감사 열정이 전염된다.** 서로의 사례들을 보고, 듣고, 실천하여 꿈이 이루어지는 것이다.

이렇게 감사를 실천하다보면 좋은 사람들이 모여 주변의 운이 크게 좋은 쪽으로 바뀌어 꿈을 이뤄줄 귀인들이 나타난다. 감사를 많이 하는 사람들과 모여 있으면 행복하다.

사람들은 자신이 진정으로 바라는 꿈을 이루지 않으면 뭘 해도 불평이 가득하다. 문제는 내면에서 꿈이 자꾸 이루어달라고 이야기하는데 그 소리를 듣지 못한다는 것이다. 어떻게 하면 진정한 나의 꿈을 찾을 수 있을까? 바로 감사메모다!

감사메모를 종이 위에 적다보면 꿈을 이룰 수 있는 방법들이 나타난다. **감사메모는 조용한 자신과의 대화이기 때문이다.** 스스로에게 물어가는 시간들을 감사메모를 통해 가질 수 있다.

자기 자신의 소망을 찾다보면 내 주위의 환경과 공동체의 행복을 위한 마음으로 확장되게 된다. **우리는 세상을 살면서 좀 더 행복한 곳으로 만들고자 한다.** 이 세상을 자신이 있음으로 말미암아 좀 더 나은 곳으로 발전시키려고 하는 소망이 누구나 있다.

그러나 무엇을 해야 자신이 진정으로 바라는 꿈을 이룰 수 있는지, 그리고 내 주위의 세상을 행복하게 만들 수 있는지 모르는 경우가 많다. 다른 사람들의 행복만 보고 기준으로 삼다보니 **진짜 자신의 꿈을 모르는 경우가 많다.**

이 책에서는 감사메모 실천 방법을 제시해 자신이 진정으로 바라는 것이 무엇인지를 찾게 해준다. 감사메모를 구체적으로 적게 하여 실천을 통해서 기적을 끌어당기는데 목적이 있다. 아인슈타인이 말한 것처럼, 이 세상에는 두 부류의 사람들이 있는데 하나는 기적을 믿지 않는 사람이고, 또 다른 부류의 사람들은 매 순간이 기적이라고 느끼며 감사하는 집단이다.

감사하면 기적이 일어난다. 주변에 감사를 통해 병도 낫고, 좋은 일이 생기고, 바라는 꿈을 이루었다고 말하는 사람들이 많으면 정말 운이 좋은 것이다. 만약 그렇지 않은 환경에 산다면 지금이라도 늦지 않았다. 먼저 자신이 감사메모를 적는 것을 실천하여 주변의 운을 바꾸면 세상을 좀 더 나은 곳으로 바꿀 수 있을 것이다.

PART 1

나의 꿈을 위한
90일 감사

나를 위한 감사

사람들은 삶의 마지막에서 이런 후회를 한다고 한다.

1. 자신에게 솔직한 인생을 살지 못한 점.

2. 편안한 상태에서 여유로운 인생을 누리지 못한 점.

3. 자신의 기분을 있는 그대로 표현할 용기를 발휘하지 못한 점.

4. 친구들과 함께 하는 시간을 많이 가지지 못한 점.

5. 에너지와 활력이 넘치도록 좀 더 건강에 관한 책이나 건강 관련 활동에 시간을 쓰지 못 한 점.

나답게 살지 못한 것, 나를 위해 살지 못한 것에 후회하게 되는 것이다. 사람들이 평소에 솔직한 감정을 표현하지 못하는 이유는 두 가지이다. 첫째는 **타인을 너무 많이 신경쓰기 때문**이고 둘째는 **내 마음과 감정을 잘 표현하지 못하기 때문**이다. 그리고 셋째는 **나를 위해 시간을 쓰지 못했기 때문**이다.

타인에게 휘둘리지 않으려면

상대에게 인정받고자 하는 것은 인간의 기본 욕구다. 사람들은 서로에게 영향을 받고 서로에게서 존재의 이유를 찾게 되기 때문이다. 하지만 **상대방에게 신경을 너무 많이 쓰다보면 내 자신의 목소리를 외면하게 된다**. 그렇게 나답게 살기보다 사회에 맞는 인간으로 사는 것을 선택하곤 한다.

함께 산다는 것은 중요하다. 나 이외의 사람들이 이 세상에 존재하기 때문에 내가 있는 것이다. 나 자신이 혼자서 이 세상을 살아간다고 가정해보자. 과연 잘 살아갈 수 있겠는가. 하지만 눈치를 보며 타인에게 맞추기만 하는 삶은 후회만 남기게 된다.

나의 생각대로, 내가 원하는 대로 살아갈 수 있어야 한다. 그렇다고 내 맘대로 살라는 것이 아니다. **내 편의를 계산하는 이기적인 마음으로 신경쓰며 살지 말고, 이타적인 마음으로 사랑하며 살자**. 여러 가지 일을 통해 서로 돕고, 영향력을 끼치고, 잘 안 풀리는 일들을 도우면서 해결해나가는 것이 운이 좋은 삶을 만드는 것이다.

세상이 행복해지는 것이 내 소원이 된다면 타인의 눈치를 보지 않아도 내가 원하는 대로 살 수 있게 된다.

그 시작이 '감사하기'이다. 감사하면 비교의식이 사라지고 나에게 주어진 것들에서 행복을 찾게 된다. 또 주위 사람들에게 감사의 마음을 전하다보면 친구들과 좋은 시간을 많이 만들 수 있는 기회들이 많아진다. 별거 아닌 시작으로 보일 수 있어도 가장 중요한 첫 걸음이기도 하다.

나의 감정을 잘 표현하려면

타인을 신경쓰다보면 자신의 감정을 솔직하게 말하지 못하게 된다. 솔직하지 못하게 되는 이유는 많은 감정들이 부정적이기 때문에 숨기는 것이다. 부정적인 감정을 가지는 것은 쉽지만, 긍정적인 감정을 가지는 것은 어려운 일이다. 하지만 긍정적인 감정만이 결국 긍정적인 상황을 부른다. 먼저 긍정적인 마음을 가져야 한다.

긍정적인 마음을 가지게 되면 표현에도 자유함이 생긴다. 내 감정을 **마음껏 표현하되 감사하는 마음을 먼저 가져보자.** 긍정을 불러일으키는 데에 감사만큼 쉬운 방법은 없다. 그러려면 어떤 상황에도 감사를 찾아내는 시선이 필요하다.

평소에 감정을 말로 표현하는 습관이 없다보니 감사와 사랑을 전하는 것이 낯설게 느껴질 수 있다.

그래서 감사하다는 말을 하고 싶은데 그것이 잘 안 될 때에는, **감사메모로 연습을 해야 감사가 저절로 나온다.** 연습을 자꾸 하다 보면 주변에 감사한 분들에게 있는 그대로 감정을 표현할 용기가 생긴다. 그러니 하루에 하나씩 간단하게 감사메모를 적으며 있는 감정을 표현하는 연습을 해보자.

나를 위한 인생을 살려면

우리는 해야 할 일과 신경써야 할 사람이 너무 많다. 그러다보면 자신을 위한 시간을 놓치게 된다. 어느 순간부터 타인과 사회가 요구하는 것에 먼저 시간을 쓰게 된다.

하루는 24시간이다. 1,440분은 누구에게나 공평하게 주어진다. 이 중 **단 5분만 자신을 위해 투자하는 습관을 들여보자.** 당신이 시간을 선택하지 않으면 시간에 의해 지배되는 삶을 살게 된다.

감사메모는 온 세상에다 '그렇게 되게 해달라'는 수신기다. 도움을 온 세상에 보내면 그것과 관련된 인연과 일들이 다가오게 된다. 내가 이루게 될 미래에 대해 감사메모를 쓰며 5분씩 내가 원하는 꿈을 상상해나가다보면 자연스럽게 인생에 기적이 찾아오는 것을 볼 수 있을 것이다!

후회하는 인생을 사는 이유

1. 타인을 너무 많이 신경쓰기 때문에

2. 내 감정을 솔직하게 표현하지 못하기 때문에

3. 나를 위해 시간을 쓰지 못했기 때문에

후회하지 않는 인생을 살려면?

1. 타인의 시선에 휘둘리지 않기

2. 내면의 목소리에 귀기울이고 내 감정에 솔직해지기

3. 내 감정을 올바르게 표현하기

4. 나를 위한 시간을 가지기

5. 나의 진정한 꿈을 찾고 실현하기

나의 인생을 사는 실천 방법

- 감사하는 마음으로 세상을 바라본다.

- 감사를 표현하는 연습을 한다.

- 하루 5분씩만 투자해 내 꿈을 위한 감사메모를 쓴다.

나를 위한 100가지 선물

이 책은 **감사를 깊이 느끼고 적으며 꿈을 이루게** 하기 위해 기획되었다. 감사습관을 만드려면 그만큼 시간이 필요하다. 하지만 흔히 작심삼일의 한계를 넘지 못하고 좌절하는 경우가 많다. 3일이 인간의 뇌의 한계라면 작심을 100일 해서 300일을 채워보자.

일본 도쿄대 교수이자 뇌과학 전문가인 이시우라 쇼이치는 작심삼일을 지속하면 스스로 약속한 일을 이루려고 뇌의 구조를 변화시킨다고 말했다. "뇌의 구조를 바꾸고 습관을 만들기 위해서는 최소 30일간 지속해야 한다."

즉 3일씩 10번을 지속하면 한 달이 되고, 습관을 만들 수 있다.

3일 작심을 할 때마다 스스로에게 보상을 하는 것이 뇌가 지속하도록 뇌의 구조를 바꾸는 가장 쉬운 방법이다. 보상은 습관을 만드는 데에 아주 많은 도움을 준다.

아주 간단한 것이라도 좋다. 3일을 쓰면 스스로에게 선물을 주자. 우리 스스로에게 칭찬을 하는 것은 정신 건강에 굉장히 좋다. 그러나 스스로에게 눈에 보이는 선물을 주는 것은 훌륭한 보상이 된다. 다이어트와 같이 아주 극한의 참을성을 발휘하는 것이 아니라 감사메모 한 가지를 깊이 느끼면서 쓰는 것이라, 쉽지만 효과가 아주 좋다.

불평하지 않고 매순간 감사하는 변화된 자신의 모습을 상상하면 무의식이 활성화되고 뇌는 무의식에 저장된 정보를 아무 의심 없이 행동으로 현실에 나타나게 한다. 감사가 그래서 중요하다.

꿈을 이뤘을 때 처음 외치는 말이 누군가에게 "감사합니다"일 것이다. 그래서 100개의 선물을 스스로에게 주는 것이다. 3일동안 수고한 나 자신에게 감사를 표현해보자.

예를 들어 1000원 짜리 예쁜 펜도 좋다. 2000원 짜리 초콜렛도 좋다. 100개의 선물을 스스로에게 주어보자. 주면서 자신의 이름을 불러 보면서 '○○야 고마워.'라고 3일을 써준 스스로에게 감사 인사를 전해보자. 가장 수고한 자신에게 감사를 전하는 것이 세상에서 가장 중요한 일이다. 이런 감사 의식은 보다 큰 존재에게 뭔가

보이지 않는 운이 작용하고 있다고 선언하는 것이다.

이렇게 해서 딱 300일만 감사메모를 작성해 보자. 그러면 여러분의 행복도는 무척 상승할 것이다. 스스로에게 100번 선물을 주면 놀라보게 자존감과 자신감도 높아질 것이다.

나는 누구인가?

자신이 진정으로 무엇을 원하는지 잘 모르겠다는 분들이 많다. 감사를 적극적으로 실천하기 위해선 **내가 진짜로 원하는 것이 무엇인지, 자신이 누구인지를 살펴볼 필요가 있다.**

누군가를 알아가기 위해서는 많은 질문들이 필요하다. 좋아하는 음식은? 선호하는 여가스타일은? 행복을 느끼는 순간은? 하나하나 물어가며 알아가다보면 상대방을 더 깊이 느낄 수 있다. 마찬가지로 자신이 무엇을 원하는지 알기 위해서는 스스로에게 질문을 해볼 필요가 있다.

나는 어떤 사람인가? 또 어떤 가치관을 가진 사람인가? 그 해답은 지나온 시간들에 있다. 나의 과거와 가치관에 관한 10가지의 질문들을 통해 감사메모를 해보고, 내가 어떤 사람인지도 알아보자.

STEP 1에서는 내가 어떤 것에 대해 감사하는 사람인지를 알 수 있는 질문들이 3일에 하나씩 제시된다. 3일 단위로 한 질문에 대해 생각해보고 매일 메모를 하다보면 나도 모르던 내 자신을 발견할 수 있을 것이다.

3일마다 나에게 작은 선물을 하는 것도 잊지 말자. 작심삼일을 계속 이어나가며 습관을 만드는 데에 이런 소소한 보상이 도움이 된다. 너무 고민하지 말고 일상 속에서 나에게 줄 수 있는 선물을 찾아보자. 원래 사려고 했던 것도 '나를 위한 선물'이라고 생각하며 구매하면 더욱 특별하게 느껴지는 법이다.

이렇게 선물을 하며 감사메모를 하는 이 순간이 온전히 나를 위한 시간임을 잊지 말자.

모든 순간은 선물이다. 감사메모를 하다보면 특정 사람에게 감사할 때도 있지만, 그 순간 자체가 엄청난 행운의 연속임을 알 수 있을 때도 많다. 나의 노력의 결과처럼 보이는 것들도 결국은 노력 없이 얻은 수많은 운이 쌓인 결과이다.

겸손하게 나를 존재하게 해준 모든 것들에 감사하는 시간을 가져보자.

1 나의 과거

지난 1년간 가장 감사했던 것들은?

DAY **1**

DAY **2**

DAY **3**　　　　　　　　　　　　　　　　.　　.

PRESENT 작심삼일에 성공한 나에게 주는 작은 선물

1 나의 과거

인생에서 가장 좋았던 순간들은?

DAY **4**

DAY **5**

DAY **6**

PRESENT

1 나의 과거

최고의 결단을 내렸던 순간은?

DAY 7

DAY 8

DAY **9**

PRESENT

1 나의 과거

열심히 노력해서 성취한 것은?

DAY **10**

DAY **11**

DAY **12**

PRESENT

1 나의 과거

가장 열중해서 했던 일은?

DAY **13** . .

DAY **14** . .

DAY **15**   .   .

PRESENT

나에게 가장 큰 감동과 울림을 주었던 것은?

DAY 16 . .

DAY 17 . .

DAY **18**

PRESENT

2 나의 가치관

실수나 실패에서 배운 점은?

DAY **19**

DAY **20**

나는 어떤 실패를 경험해보았는가? 거기에서 나는 무엇을 배울 수 있었는가?
좌절하지 않고 교훈을 얻을 수 있었던 것에 대해 감사해보자.

DAY **21**

PRESENT

2 나의 가치관

내가 가장 잘하는 것은?

DAY **22**

DAY **23**

나의 특기, 사소하지만 나만 아는 노하우, 나의 좋은 습관, 나만의 마인드컨
트롤 비법 등 다양한 나의 장점들을 메모해보고 감사하자.

DAY **24**

PRESENT

2 나의 가치관

내가 요즘 즐기고 있는 것은?

DAY **25**

DAY **26**

여가 시간이나 일상 틈틈이 즐기고 있는 취미생활이나 오락거리에 대해 메모
해보고 그 시간들에 대해 감사해보자.

DAY **27**

PRESENT

2 나의 가치관

나의 가장 소중한 물건은?

DAY **28**

DAY **29**

선물받거나 용돈을 모아 산 물건, 추억이 담긴 물건 등. 나에게 가장 귀한 것은 무엇인가? 이유를 함께 메모해보고 소중한 물건이 있음에 감사해보자.

DAY **30**   .   .

PRESENT

나는 언제 행복한가?

인생사 새옹지마라 했다. 삶이 날마다 행복할 수는 없다. 때때로 고통도 찾아온다. 많은 사람들이 고난을 벗어나 행복해지는 방법을 찾고자 한다.

인생을 정말 바꾸고자 한다면 좋은 습관을 들여야 한다. 어떤 습관도 좋게 바꿀 수 있는 습관이 바로 감사습관이다. 행복하려면 행복에 도움이 되는 감사습관을 실천해야 한다. 습관은 한번으로 끝나는 게 아니다. 지속하는 것이 습관이다.

그러나 행복을 위한 습관을 지속하지 못하는 이유는 행복보다 불행이나 고통을 즐기는 것이 쉽기 때문이다. 감사보다 원망하는 것이 더 쉽고 일시적으로나마 좋은 기분을 가져다 준다. 이렇게 불평과 불만을 입에 달고 사는 사람들은 원하지 않는 것, 싫어하는 것, 할 수 없는 일에만 집중한다. 그래서 점점 아무 것도 할 수 없게 되고, 또 부정적인 것들을 삶에 많이 끌어들여 와서 불행을 자초한다.

감사할 수 있는 행위와 그냥 불평하면서 부정적인 감정으로 지낼 수 있는 행위 중간에 '사이'가 있다. 이 중간 사이에 구체적으로 감사하겠다는 의지와 행동이 필요하다. 예를 들어서 불평하고 부정적인 감정이 감지되면 그 사이에 바로 감사메모장을 꺼내거나 스마트폰의 어디라도 좋으니 그 상황에서 감사할 점들을 간단하게 적는 것이다.

STEP 2에서는 나의 감정에 대해서 먼저 살펴본다. 나는 어떤 때 기뻐하고 어떤 때 슬퍼하는 사람인지 알아보자.

행복해지려면 감사습관을 가져야 한다. 습관은 꾸준히 하기만 하면 얻을 수 있는 것이다. 긍정적으로 변화하게 될 내 자신에 대해 감사하는 훈련을 해보자.

3 나의 감정

나를 가장 기쁘게 했던 칭찬은?

DAY **31**

DAY **32**

DAY **33**
　　　　　　　.　　.

PRESENT

3 나의 감정

나를 힘들게 했던 상황은?

DAY **34** . .

DAY **35** . .

나를 가장 힘들게 만들었던 상황이 있었는가? 왜 고통스러웠는지 이유를 써
보고 그럼에도 불구하고 감사했던 것들을 메모해보자.

DAY **36**　　　　　　　　　　　　　　　·　　·

PRESENT

3 나의 감정

나를 가장 행복하게 만들었던 것은?

DAY **37**

DAY **38**

나는 어떤 조건이 갖추어졌을 때 행복을 느끼는가? 어떤 상황일 때 행복했었는지 메모해보고 그 행복에 감사해보자.

DAY **39**

PRESENT

3 나의 감정

나를 두렵게 했던 상황은?

DAY **40**

DAY **41**

DAY **42**

PRESENT

3 나의 감정

내가 가장 보람을 느끼는 것은?

DAY 43

DAY 44

나는 언제, 무엇에 보람을 느끼는가? 왜 그것에 보람을 느끼는지 이유를 생각
해보고 감사메모를 써 보자.

DAY **45**

PRESENT

4 나의 변화

나에 대해 깨달은 것은?

DAY **46** . .

DAY **47** . .

나는 어떤 사람이었는가? 내가 몰랐던 나에 대해 찾은 점이 있는가? 새롭게
알게 된 것을 메모해보고 내가 깨달은 것에 대해 감사해보자.

DAY **48**

PRESENT

4 나의 변화

내가 성장한 부분은?

DAY 49

DAY 50

DAY **51** . .

PRESENT

4 나의 변화

내가 가진 나쁜 습관은?

DAY **52**   . .

DAY **53**   . .

내가 발견한 나의 단점이나 약점이 있는가? 내가 가진 나쁜 습관들에 대해
적어보고 그것을 발견하고 바꿀 수 있음에 감사해보자.

DAY **54**

PRESENT

4 나의 변화

새롭게 시작하기로 결심한 것은?

DAY **55**

DAY **56**

DAY **57**

PRESENT

미래의 나에게 투자할 것들은?

DAY **58**

DAY **59**

DAY **60**

PRESENT

감사를 표현해보자

나답게 살려면 타인에게 너무 휘둘리지 않아야 하지만, 행복하게 살려면 타인의 도움이 반드시 필요하다. 균형을 잘 잡지 않으면 나밖에 모르는 이기적인 독불장군이 되거나, 남의 눈치만 봐야하는 인생이 되어버린다.

감사습관이 생기면 나답게 살면서도 주위와 조화를 이룰 수 있다. 긍정적인 마음이 나를 행복하게 만들고 감사하는 마음이 주위를 평안하게 만들기 때문이다.

나에게 주어진 인연에 감사하는 것은 꼭 필요한 일이다. 주위 사람을 소중히 여기면 내 꿈을 도와주는 사람이 많아지고, 또 내가 도와줄 수 있는 일도 많아진다. 내가 속한 사회가 건강해지면 그것이 나에게 다시 복이 된다.

내 주위에는 어떤 사람들이 있는가? 나에게 도움을 준, 또는 도움을 줄 수 있었던 사람들이 있는가?

STEP 3에서는 나의 소중한 사람들을 기억해보자. 감사메모를 하며 기록하다보면 내 곁에 고마운 사람들이 얼마나 많이 있었는지 알 수 있을 것이다.

그리고 그 감사하는 마음을 표현해보자. 계속해서 좋은 마음을 표현하다보면 내 주위에 좋은 사람들이 점점 쌓이게 된다. 감사메모를 하며 작은 감사부터 하나씩 전하는 습관을 만들어보자.

5 나의 인간관계

나를 도와주었던 사람들은?

DAY 61   .   .

DAY 62   .   .

내가 도움이 필요할 때 곁에 있어 준 고마운 사람들을 떠올려보자.
어떤 도움을 받았는지 메모해보고 감사하는 마음을 적어보자.

DAY **63** 　　　　　　.　　.

PRESENT

5 나의 인간관계

내가 도울 수 있었던 사람들은?

DAY **64**

DAY **65**

나의 도움이 필요한 사람이 있었는가? 어떤 도움을 주었는지 메모해보고
도움을 줄 수 있었던 것에 대해 감사해보자.

DAY **66**

PRESENT

5 나의 인간관계

내 주위에 가장 사랑하는 사람들은?

DAY **67** . .

DAY **68** . .

DAY **69**

PRESENT

5 나의 인간관계

나를 힘들게 하는 사람은?

DAY **70**

DAY **71**

나에게 고통을 주었던 사람이 있는가? 왜 그 사람이 나를 힘들게 했는지 적어
보고 그럼에도 불구하고 감사한 점을 메모해 보자.

DAY **72**

PRESENT

5 나의 인간관계

나의 이야기를 가장 잘 들어주는 사람은?

DAY **73**

DAY **74**

나에게 관심을 가져주고 나의 말에 귀기울여주는 사람이 있는가?
그 사람에 대한 고마운 마음을 메모로 남겨 보자.

DAY **75**

PRESENT

6 나의 감사 실천

가족에게 감사한 것은?

DAY 76　　　　　　　　　　　　　　　　　.　　.

DAY 77　　　　　　　　　　　　　　　　　.　　.

내 가족, 또는 나를 가족만큼이나 아껴주신 분들께 감사했던 점을 적어보고
그 마음을 직접 전해보자.

DAY **78**

PRESENT

6 나의 감사 실천

이웃에게 감사한 것은?

DAY **79**   .   .

DAY **80**   .   .

DAY **81** . .

PRESENT

6 나의 감사 실천

친구에게 감사한 것은?

DAY **82**   .   .

DAY **83**   .   .

친구나 동료에게 감사한 것들을 떠올려보자. 익숙해서 미처 떠올리지 못했던
것들, 항상 마음에만 담아두고 있던 고마움 등을 전해보자.

DAY **84**

PRESENT

6 나의 감사 실천

멘토에게 감사한 것은?

DAY **85**   .   .

DAY **86**   .   .

스승이나 멘토가 되어주는 분들, 자주 찾아뵙지 못한 은사께 감사한 점을
적어보자. 그리고 시간을 내어 감사를 전해 보자.

DAY **87**

6 나의 감사 실천

내가 감사를 표현하고 싶은 사람은?

DAY **88**

DAY **89**

주위의 선한 영향력을 끼치는 사람들에게 감사를 표현해 보자. 세상을
바꿔나가는 사람들에게 감사로 응원 메시지를 남겨 보자.

DAY **90**   .   .

PRESENT

꿈의 기적지도를 위한
90일 감사

Chapter 1

꿈을 위한 감사

인간은 크게 5가지 영역에서 꿈을 꾼다.

1. 신체 건강 단련 영역

2. 재테크, 풍요로운 삶, 직업, 사업, 일

3. 자기계발

4. 인간관계

5. 영성과 봉사

감사메모를 적을 때 이 5가지 영역의 꿈을 구체적인 이미지로 떠올리면서 금년에 이룰 꿈, 3년 후, 5년 후, 10년 후, 20년, 30년 후에 이룰 꿈까지 상상해보자! 꾸준히 이 책을 활용하면 훌륭한 꿈을 이루는 자신만의 감사메모 역사책이 될 것이다. 만약 후대가 이 책에 적힌 여러분의 꿈을 보고 이루어진 것을 보면 후대에 유산이 될 것이다.

감사메모를 쓰는 이유는 **삶을 좀 더 풍요롭고 평화롭고 행복하게 살고자 하는 소망**에서다. 새로운 소망이 모든 사람들 안에선 계속 꿈틀거리고 있다. 마음이라는 무한의 영역에서 새로운 소망이 끊임없이 일어날 때 평화를 먼저 찾게 해주는 것이 감사메모다. 감사메모는 기분 좋은 감정을 느끼게 하여, 여러분의 안에서 생겨난 모든 소망을 이루게 하기 위해 필요한 것들을 끌어들일 힘을 준다. 만약 의심이 든다면 실험해보라! 감사메모의 효과를 알게 될 것이다.

꿈을 그리다보면 절대로 이루어질리 없다고 의심하는 저항의식이 생길 수 있다. 매일 감사의식을 쌓다보면 이런 저항감이 사라지고, 마음이 편안해질 때 감사메모에 적은 것들이 효과가 나타나기 시작한다.

여러분이 감사메모를 하루에 하나씩 적음으로 인해서 다른 누군가에게 주는 기쁨은 말로 설명할 수가 없다. 다른 누군가에서 여러분이 줄 수 있는 선물 중에 가장 큰 것은 자신의 행복이다. 기쁨과 감사와 행복감을 느낄 때 자신의 본질을 깨닫는다. 기존에 결핍감으로 불평과 불만이 많았다면 이제부터라도 늦지 않았다. 감사메모를 적극 실천하면 놀라운 일들이 생긴다. 그것도 한 두 개가 아니라 기적이라고 밖에 설명할 수 없을 정도로 훌륭한 일들이 일어난다. 감사는 인간의 근원 에너지 중에서 가장 순수하고 긍정적인 에너지이다. 감사메모를 쓰다보면 이런 에너지의 흐름에 완전히 동화되게 될 것이다.

감정이 좋은지 나쁜지를 알려주는 것이 감정의 눈금이다. 가장 높은 감정에 속한 힘 있는 감정은 바로 기쁨, 앎, 권능, 자유, 사랑, 감사다. 그러나 두려움, 슬픔, 우울함, 절망, 무력감은 힘이 없는 감정으로 소망하는 바를 자꾸 더디게 가게 한다. 중간에 속한 감정은 좌절, 짜증, 초조, 의심, 걱정, 비난, 비관, 지루함이 있다.

가만히 있으면 중간 감정이나 낮은 감정을 많이 소비하게 된다. 하지만, 감사메모를 하다보면 이미 다 이루어졌다는 행복한 감정 상태를 의식적으로 만들 수 있다. 이런 긍정 에너지를 계속해서 끌어모으는 것이 감사메모의 힘이다!

나의 꿈을 찾아보자

PART 1에서 90일을 통해 나에 대해 알아보는 시간을 가졌다. 내가 중요하게 여기는 것들, 내가 추구하는 삶, 내가 소중히 여기는 사람들에 대해 찾아보았다면 이제 PART 2에서는 내가 진짜로 이루고 싶은 꿈에 대해 찾아보는 시간을 가지게 될 것이다.

소원을 적을 때 앞의 감사메모들을 참고해보자. 내가 진정으로 원하는 꿈을 떠올리는 데에 도움이 될 것이다.

매일 하나씩 이루고 싶은 소원들을 적은 후, 이미 이루어졌다고 가정하고 미리 감사하자. 메모를 끄적이는 이 순간만큼은 현실적 한계나 부정적 감정은 잠시 내려놓고 '점점 더 삶이 좋아질 것이다'라는 긍정 에너지를 회복해보자.

7 나의 꿈 찾기

나의 건강에 관한 소원은?

DAY **91**

DAY **92**

아픈 부위나 신체적 약점에 대해 생각해보자. 어떤 신체를 가지고 싶은지
떠올려보고 이미 그 신체를 얻은 자신의 모습을 상상하며 미리 감사해보자.

DAY **93**　　　　　　　　　　　　　.　　.

PRESENT

7 나의 꿈 찾기

주위 사람들의 건강에 관한 소원은?

DAY **94**

DAY **95**

DAY 96

PRESENT

7 나의 꿈 찾기

풍요로운 삶을 위한 소원은?

DAY 97

DAY 98

풍족한 삶을 위해 어떤 물질적인 요소들이 필요한지 생각해보자. 그리고 그것
들이 반드시 갖춰질 것이라는 확신을 담아 미리 감사해보자.

DAY 99

PRESENT

7 나의 꿈 찾기

나의 직업에 대한 소원은?

DAY 100 　　　　．　．

DAY 101 　　　　．　．

내 직업이나 사업, 일적인 부분에서 얻고 싶은 경제적 지위나 명예, 능력 등을
생각해보고 그것들이 이뤄질 것에 미리 감사해보자.

DAY **102**

PRESENT

7 나의 꿈 찾기

자기계발을 위한 소원은?

DAY **103**   .   .

DAY **104**   .   .

나는 어떤 실력을 갖추고 싶은지, 어떤 것을 배우고 노력해야 하는지 생각해
보자. 그리고 모든 과정과 결과가 순조롭게 이루어질 것에 미리 감사해보자.

DAY **105**

PRESENT

7 나의 꿈 찾기

내가 성취하고 싶은 것은?

DAY 106

DAY 107

내가 간절히 성취하고 싶은 목표는 무엇인가? 그 이유를 적어보자.
그리고 그것을 성취한 미래를 상상해보고 미리 감사해보자.

DAY **108**

PRESENT

7 나의 꿈 찾기

인간관계에 대한 소원은?

DAY 109

DAY 110

DAY 111   .   .

PRESENT

7 나의 꿈 찾기

되고 싶은 롤모델이나 멘토는?

DAY 112

DAY 113

존경하는 롤모델이나 멘토가 있는가? 누구인지, 내 인생에 어떤 영향을 주었
는지 메모해보고, 그 사람을 닮은 미래 내 모습에 감사하는 메모를 써 보자.

DAY **114**

PRESENT

7 나의 꿈 찾기

사회에 주고 싶은 선한 영향력은?

DAY **115**

DAY **116**

나는 사회에 어떤 영향력을 끼치는 사람이 되고 싶은가? 소소한 것부터
큰 목표까지 자유롭게 생각해보고 감사메모를 남겨보자.

DAY **117**

PRESENT

7 나의 꿈 찾기

내가 할 수 있는 기부·봉사 활동은?

DAY **118**

DAY **119**

내가 지금 당장 할 수 있는 작은 선행에 대해 생각해보고 실천해보자.
그리고 내가 할 수 있는 일들에 대해 감사메모를 적어 보자.

DAY **120**　　　　　　　　　　　　　　　·　　·

PRESENT

꿈의 기적지도 그리기

잠재의식은 이미지로 각인된다. 우리의 의식을 채우고 있는 것은 5%의 현재의식과 95%의 잠재의식이다. 심리학자와 정신의학자들은 이미지로 된 생각이 잠재의식으로 전달되면 두뇌에 세포가 생겨난다고 한다. 어떤 이미지든지 두뇌의 세포가 수용하면 잠재의식이 실행된다. 잠재의식은 두뇌의 이미지와 관련된 모든 지식의 조각을 이용해 목적을 이루는 데에 에너지를 사용하게 된다.

'근대 심리학의 창시자'로 일컬어지는 미국의 심리학자 윌리엄 제임스는 잠재의식에 간직된 이미지와 신념이 만나는 순간 모든 것이 실현된다고 했다.

신념은 일반적인 상상력이나 허구에 의한 관념보다 훨씬 강하고 생생한 생각이다.

마음속으로 이미지를 생생하게 그릴 수 있는 사람들은 반드시 성공한다. 그래서인지 성공한 사람들은 자신의 꿈을 위해 끊임없이 **꿈의 기적지도**를 그린다.

아름다운 삶이란 불행이 전혀 없는 삶이 아니다. 어떠한 고난도 행복을 위한 과정이라고 여겨보자. 꿈을 포기하지 말고 끊임없이 마음속에 이미지를 그려야 한다. 그러려면 꿈을 시각화한 나만의 **꿈의 기적지도**가 필요하다.

영국의 심리학 교수 리처드 와인만은 한 가지 실험을 했다. 3,000명에게 새해의 목표를 마음속으로 상상하고 **꿈의 기적지도**를 만들어보라고 했다. 그 중 새해 목표를 이룬 사람들은 12퍼센트에 불과했다. 이들은 **꿈의 기적지도**를 계속 들고다니며 기억한 사람들이었다. 항상 꿈을 시각화하여 지니고 다닌 사람들은 목표가 실행으로 이어질 수 있었던 것이다.

꿈의 기적지도는 이미지이지만 생각에서 나온다. 생각은 말로 표현된다. 표현된 말은 현실에 물질화되어 나타난다. 즉 생각하는 순간 이미 마음속 이미지가 현실에 나타날 준비를 하는 것이다.

꿈이 빠르게 이루어지도록 하는 방법은, 이미 이루어졌을 때의 결과를 상상하는 것이다. 어떤 소원이 이루어졌을 때, 제일 먼저 하는 말은 '감사합니다'일 것이다. 어떤 식으로든 꿈을 이루게 해 준 존재나 도움을 준 사람에게 감사하게 된다. 그러니 이루어질 소원에 대해 먼저 감사를 하는 것은 꿈이 빨리 이뤄지도록 도와준다.

인간의 의식은 한 번에 한 가지 생각밖에 하지 못한다. 감사라는 긍정적인 생각을 할 때는 부정적인 생각을 할 수 없다. 매일 꿈에 대해 감사하며 부정적인 생각과 말을 하나씩 지워나가야 한다.

꿈에 대한 부정적인 생각은 성취를 지연시킨다. 원하는 꿈을 이미지화하고 이미 이루어진 모습을 끊임없이 상상하며 감사해보자. 그렇게 긍정적인 에너지가 쌓일 때 더욱 빠르게 꿈이 실현된다.

STEP4의 감사메모를 참고해 건강, 일, 직업, 관계, 재테크, 봉사와 관련된 이미지를 잡지와 사진으로 구해서 여기에 풀로 붙여보자. 없을 경우, 그림으로 그려도 된다. 나만의 **꿈의 기적지도**를 그리고, 매일 보면서 감사메모를 써보자.

건강에 대한 나의 꿈

일·직업·사업·재테크에 대한 나의 꿈

자기계발에 대한 나의 꿈

인간 관계에 대한 나의 꿈

봉사·명상·영성·기도

Chapter 3

나의 소원은?

여러 분야를 둘러보며 내가 원하는 것들을 찾아보았다. 이 중 자신이 진정으로 원하는 선물이 무엇일까? 모든 소원을 다 들어주는 요술 램프가 있다면 나는 무엇을 요구할까?

Chapter 2의 **꿈의 기적지도**를 참고해 내 소원 10가지를 적어보자. 빈 칸에 자신이 진정으로 바라는 것이 이루어졌다고 가정하고 적어보자. 그리고 이 소원들이 이루어져서 감사하다고 적는다.

내 꿈이 이루어져 내 삶이 이상적일 때 나는,

1. ________________________________ 해서 감사하다.

2. ________________________________ 여서 감사하다.

3. ________________________________ 가 있어서 감사하다.

4. _______________________________덕분에 감사하다.

5. _______________________________하여 감사하다.

6. _______________________________때문에 감사하다.

7. _______________________________그러니까 감사하다.

8. _______________________________그것까지 감사하다.

9. _______________________________그럼에도 불구하고
감사하다.

10. _______________________________라는 놀라운 기적이
일어나서 감사하다.

이것 혹은 이것보다 훨씬 더 좋은 것들이 조화롭고 만족스럽게 이
루어져 감사하다.

이렇게 이루어져도 좋고, 이것보다 더 좋은 것이 나타나면 더
좋고, 이래 저래 좋은 것을 적어보자. 부담없이 술술 써내려가는 것
이 감사메모의 장점이다. 감사의 감정을 느끼면서 소원을 적으면
긍정적인 감정이 이런 것들 혹은 이것들 보다 훨씬 더 좋은 방법으
로 꿈을 이루어줄 것이다.

10가지를 다 적었으면 이 중에서 가장 절실한 꿈을 우선순위
대로 5가지 뽑는다. 이 꿈의 카드를 아침에 바로 볼 수 있는 화장실

거울, 지갑, 냉장고, 자동차 계기판, 컴퓨터 화면, 휴대폰, 현관문
등 눈에 바로 보이는 위치에 붙여둔다. 그리고 3개월마다 우선순위
가 바뀌었는지 체크한다.

나의 꿈 테스트

_______년 ______월 ______일

내 꿈이 이뤄져서 내 삶이 이상적일 때 나는,

1 ____하여 감사하다.

2 ____해서 감사하다.

3 ____가 있어 감사하다.

4 ____덕분에 감사하다.

5 ____이니까 감사하다.

이것 혹은 이것보다 훨씬 더 좋은 것들이 조화롭고 만족스럽게 나타
나서 감사하다.

왜 3개월 단위로 꿈의 감사메모 목록을 작성해야 할까?

이케가야 유지는 도쿄대 약학대학 교수이며 최고 권위의 뇌과
학자이다. 그는 인간의 뇌의 장기 기억과 단기 기억을 연결해주는
관문인 해마가 정보를 뇌에 저장하는 기간이 약 1개월이라고 말했
다. 다시 말해 중요하지 않은 정보는 1개월, 즉 30일 안에 다 사라

진다. 다행이다. 세상에 넘쳐나는 수많은 정보 중에서 중요한 꿈만 저장하고 나머지는 30일 후에 다 해마다 걸러줘서, 꿈에만 집중할 수 있게 해주는 놀라운 뇌의 가소성에 감사할 따름이다.

해마에게 중요한 정보는 꿈이다. 이 꿈의 감사메모는 장기기억 장치인 잠재의식에 저장해야 한다. 3개월 단위로 꿈을 업데이트하며 매일 반복해서 꿈을 입력해주면 단기 기억인 현재 의식이 중요한 정보로 인식하여 장기기억에 저장해 둔다.

감사메모로 꿈을 적어 두었기에 반드시 미래의 어느 순간에 꿈이 이루어진 자신의 모습을 보게 될 것이다. 장기기억을 담당하는 대뇌피질에 주요하게 저장된 정보는 어떤 간섭이 있어도 잊혀지지 않고 어느 순간 기억이 잘 나게 되는 것이다.

성공학의 거장 나폴레온 힐은 '놓치고 싶지 않은 꿈, 나의 인생'이라는 책에서 이렇게 말했다.

"당신의 꿈이 무엇이든 감사하면서 종이 위에 적고, 그것을 언제 이루고 싶은지, 정확히 무엇을 세상에 나누려고 하는지 정확하게 써라. 그 꿈을 카드에 써서 주머니에 매일 가지고 다녀라. 그것을 매일 생생하게 감사하면서 보라. 느껴라. 그리고 가장 중요한 것은 조만간 온다고 믿으며 감사하라."

왜 그 꿈을 이루고 싶은가?

Chaper 2에서 **꿈의 기적지도**를 그려보고 Chaper 3에서 내가 이루고 싶은 소원을 정리해보았다.

이제 매일 매순간 자신이 되고 싶고, 하고 싶고, 갖고 싶은 것을 이미 가진 자신을 상상해 보자. 하루에 하나씩 감사메모를 적다 보면 그런 이미지들이 저절로 잠재의식에 새겨지게 될 것이다.

목표를 성취하려면 동기가 중요하다. **왜 그 목표를 이루려고 하는가?** 같은 목표여도 사람마다 제각기 다른 동기를 가지게 된다. 따라서 자신의 동기가 무엇인지 알지 못하고 목표만 보다 보면 어느 순간 타인의 동기에 휩쓸리게 된다.

STEP 5에서는 목표를 이루고 싶은 동기에 대해 생각할 수 있는 감사 시간을 가져보자.

동기가 확실해지면 목표를 이루고 싶은 마음도 강렬해지고 그만큼 더 많이 생각하게 된다. 또 동기를 생각하며 이 목표가 진짜로 내가 원하는 것인지, 나에게 필요한 것인지 피드백할 수 있다. 그래서 더 빨리 목표를 성취하거나 더 좋은 목표를 찾을 수 있다.

동기를 보다 보면 나의 숨겨진 욕구를 알 수 있다. 욕구에는 크게 7가지 종류가 있는데 생리적 욕구, 안전 욕구, 소속과 애정 욕구, 자존 욕구, 인지적 욕구, 심미적 욕구, 자기 실현 욕구 등이 있다. 각각의 욕구들은 서로 보완성을 가지고 상호작용한다. 각각의 욕구들이 모두 충족이 되어야 건강한 자존감과 자아실현 목표를 가질 수 있다. 자신의 욕구를 올바르게 해소할 수 있으면 욕심을 부리지 않고 집착하던 것들을 내려놓을 수 있게 된다.

동기를 생각하며 내 안의 욕구가 무엇인지 찾아보자. 그리고 나의 내면의 목소리에 귀기울여 보자. 나의 목표와 동기는 내가 원하는 것인지? 아니면 타인에게 영향을 받은 것인지? 나만을 위한 것인지? 아니면 이타적인 것인지?

그리고 진정으로 내가 원하는 목표를 확고하게 다듬어보자.

8 나의 동기

어떤 사람이 되고 싶은가?

DAY 121   .   .

DAY 122   .   .

DAY **123**

PRESENT

8 나의 동기

내가 갖고 싶은 물건은?

DAY **124**

DAY **125**

꿈을 이루기 위해 갖고 싶은 물건, 또는 꿈을 이루면 가질 수 있는 물건이 있는가? 왜 그 물건이 갖고 싶었는지 이유와 함께 감사메모를 적어보자.

DAY **126**   .   .

PRESENT

8 나의 동기

내가 하고 싶은 일은?

DAY **127**

DAY **128**

내가 진짜로 하고 싶었던 일이 있는가? 만약 무엇이든 될 수 있다면 어떤
일을 해보고 싶은가? 마음껏 써보고 감사메모를 남겨 보자.

DAY **129**

PRESENT

8 나의 동기

내가 인정받고 싶은 것은?

DAY **130**

DAY **131**

DAY **132**

PRESENT

8 나의 동기

내가 나누고 싶은 것은?

DAY **133**

DAY **134**

내가 만약 상상할 수 없이 큰 부를 이루어 이 많은 돈을 사회에 환원할 수 있는
능력의 선한 부자라면? 뭐든지 줄 수 있는 능력이 있다면 나는 무엇을 누구에게
나눠주고 싶은가? 함께 나누는 내 미래의 모습에 대해 감사메모를 적어 보자.

DAY **135**

PRESENT

9 나의 욕구

나의 생리적 욕구는?

DAY 136 . .

DAY 137 . .

먹고 마시는 것, 휴식 등 기본적인 생리적 욕구 중 나에게 가장 필요한 것은
무엇인가? 그것을 이룬 내 모습에 대해 미리 감사메모를 적어 보자.

DAY **138**

PRESENT

9 나의 욕구

나의 안전 욕구는?

DAY **139**   .　　.

DAY **140**   .　　.

신체적, 감정적 위협으로부터 벗어나고자 하는 안전 욕구가 있는가?
모든 위협으로부터 벗어난 내 자신에 대해 미리 감사해보자.

DAY **141**

PRESENT

9 나의 욕구

나의 소속감과 사랑의 욕구는?

DAY 142   .   .

DAY 143   .   .

나는 어떤 집단에서 소속감을 느끼고 싶어하는가? 내가 애정을 채우고 싶은
사람은 누구인가? 사랑받는 내 모습에 대해 미리 감사해보자.

DAY **144**

PRESENT

9 나의 욕구

나의 자존감 욕구는?

DAY 145   .   .

DAY 146   .   .

내가 존중과 존경을 받고 싶은 영역은 어디인가? 누구에게 받고 싶은가?
내 자존 욕구가 충족되어진 미래에 대해 미리 감사해보자.

DAY **147**

PRESENT

9 나의 욕구

나의 성장 욕구는?

DAY **148**

DAY **149**

DAY **150**

PRESENT

STEP 6

목표를 세워보자

STEP 5에서 나의 동기와 욕구를 살펴보았다. Chaper 3에서 정리한 소원 중 나의 동기와 가장 부합되는 목표 하나를 골라보자. 감사메모를 하며 더 중요한 다른 목표가 생겼다면 그것을 선택해도 좋다. 건강, 자기계발, 직업이나 일이나 관계에 있어서 꿈이 이루어져 감사하게 될 자신의 목표를 아래에 적어보자.

나의 목표

이번 STEP 6에서는 꿈을 이루기 위한 목표를 실천해보자.

먼저 한 달이나 두 달 혹은 육 개월 간의 감사할 단기목표를 세운다. 이때 처음에는 아주 쉽게 이룰 수 있는 목표를 세운다. 예를 들어, 직장에서 환하게 동료에게 웃어주기, 출근하기 전 5분 정도의 여유 시간 가지기, 아침에 1분 일찍 일어나 감사메모 적기, 거래

처나 주변 동료들에게 감사의 카톡 보내기 등, 간단하게 할 수 있는
목표를 정한다. 내가 정한 목표와 관련된 아주 작은 실천이면 된다.

처음 시작할 때에는 작게 이룰 수 있는 목표를 적고 차츰 크게
적는다. 1년, 3년, 5년, 10년의 꿈의 목록을 적는다. 그리고 이미
실행된 것처럼 감사메모를 적는다.

단기목표는 작게 시작해야 한다. 작은 시작은 계속해서 꿈을 향
해 달려갈 작은 성공을 경험하게 한다. 감사메모를 적기에도 훨씬
부담이 없고 실천하기도 좋다.

장기목표는 크게 잡아보자. 내 동기와 욕구, 내 소원을 담아 마
음껏 써보자. 5년 뒤, 10년 뒤를 생각하다 보면 내가 진정 바라는
것이 무엇인지 멀리 볼 수 있게 된다. 그리고 미래의 꿈을 잃지 않
는 것은 삶의 좋은 지침서가 되어준다.

작심삼일을 달성하고 난 후의 작은 선물도 잊지 말자! 나를 위
한 보상을 생각하는 것은 나를 사랑하는 마음을 키워주고 그만큼
감사할 수 있는 힘을 갖게 만들어준다. 똑같은 커피 한 잔이어도 피
곤을 가시게 하기 위한 커피와, 나에 대한 칭찬의 의미가 담긴 커피
는 다른 법이다.

10 나의 목표

꿈을 이루기 위한 오늘의 목표는?

DAY **151**　　　　　　　　　　　　　　　　　.　　.

DAY **152**　　　　　　　　　　　　　　　　　.　　.

내가 세운 목표를 이루기 위해 오늘 당장 할 수 있는 아주 작은 목표를 적어
보자. 그리고 그것을 성취할 수 있었음에 감사해보자.

DAY **153**　　　　　　　　　　　　　　.　　.

PRESENT

10 나의 목표

꿈을 이루기 위한 이번 주의 목표는?

DAY **154**

DAY **155**

DAY **156**

PRESENT

10 나의 목표

꿈을 이루기 위한 이 달의 목표는?

DAY **157**

DAY **158**

꿈을 이루기 위해 한 달 동안 할 수 있는 것들을 생각해 보자. 그리고 그것을
이룬 내 미래의 모습을 상상해보고 미리 감사해보자.

DAY **159**

PRESENT

10 나의 목표

꿈을 이루기 위한 6개월 간의 목표는?

DAY **160**   .   .

DAY **161**   .   .

반 년 동안 꿈을 이루기 위해 할 수 있는 것들을 적어보자. 매일매일 할 수 있는 아주 작은 것들부터 찾아보고 미리 감사메모를 적어보자.

DAY **162**   .   .

PRESENT

10 나의 목표

꿈을 이루기 위한 1년 간의 목표는?

DAY **163**   .   .

DAY **164**   .   .

DAY **165**

PRESENT

10 나의 목표

꿈을 이루기 위한 3년 간의 목표는?

DAY 166   .   .

DAY 167   .   .

DAY **168**

PRESENT

10 나의 목표

꿈을 이루기 위한 5년 간의 목표는?

DAY **169**

DAY **170**

5년 동안 목표를 향해 달린 내 모습은 어떨지 상상해보고, 미래의 내가 이루었을 목표를 감사하며 적어 보자.

DAY **171**   .   .

PRESENT

꿈을 이루기 위한 10년 간의 목표는?

DAY **172**   .   .

DAY **173**   .   .

10년 뒤의 내 자신은 어떻게 바뀌어져 있을까? 목표를 이룬 10년 뒤의 내 모습을 상상해보고 감사메모를 적어 보자.

DAY **174**   .   .

PRESENT

10 나의 목표

꿈을 이룬 나의 미래는?

DAY 175   .   .

DAY 176   .   .

내가 가장 바라는 목표를 이룬 것은 몇 년 뒤일까? 어느 시점에 꿈을 이루었을지, 그 미래는 어떤 모습일지 상상해보고 감사메모를 써 보자.

DAY **177**

PRESENT

10 나의 목표

내 평생 가장 중요한 목표는?

DAY 178

DAY 179

DAY **180**

PRESENT

꿈의 기적을 이루는
90일 감사

Chapter 1

✦

기적을 이루는 감사

꿈을 이루기 위해서는 평소의 감정 상태가 중요하다. 감정의 주파수 중에서 가장 높은 진동을 내는 것은 '감사'다. 지금 눈을 감고 살면서 깊이 감사한 일 하나를 생각해보자. 가슴 깊이 느껴지는 감사함의 이유를 3가지 떠올려보면서 어떤 느낌이 드는지 살펴본다. 감사함을 떠올리면서 부정적인 생각을 할 수 없다. 오직 좋았던 점들, 긍정적인 감정을 느꼈을 것이다.

"감사하기는 삶을 더 풍요롭고 건강하게 해주는 확실한 방법이다."라고 마시 시모프가 말했다.

감사를 **꿈의 기적지도**에 더하면 이루는 속도도 빠르게 할 뿐만 아니라 긍정 에너지를 불어 넣어 **꿈의 기적지도**에 좋은 기운이 가득해진다. 성공한 사람들이 항상 하는 말이 "꿈에 대해서 생생하게 시각화를 하고, 매일 감사하라"인 것에는 과학적 이유가 있다. 감사하면 긍정 기운이 가득해져서 감사할 일들을 더 많이 끌어와 결국에는 꿈에 다가간다.

월러스 워틀스가 쓴《부자가 되는 과학 The science of Getting Rich》에서는 '감사하기'로 책을 다 채울 정도로 감사의 중요성을 이야기한다. 좋은 일들이 생겼을 때에도 감사하고 설사 안 좋은 일이라고 생각되는 것에도 감사한다. 모든 것이 **꿈의 기적지도**를 이루어나가는 과정이기 때문이다. 이때도 감사하면 모두가 다 좋은 방향으로 바뀐다. 감사하는 마음은 축복을 가져다주는 우주의 근원과 연결시켜 준다. 감사하는 마음은 신의 연결과 밀접한 관계가 있다. 우리가 주문을 걸어 **꿈의 기적지도**를 만들지만 이루어주는 것은 신의 영역이다.

감사하는 마음을 통해 우리의 모든 마음속 **꿈의 기적지도**의 이미지를 창조 에너지에 맞춘다. 가장 크게 성취를 한 사람들일수록 "운이 좋았다", "감사하기를 실천했다"는 말을 한다. 분명히 보이지 않은 무형의 뭔가가 작용한다는 것을 **꿈의 기적지도**로 성공한 사람들은 안다.

아인슈타인도 하루에 100번씩 이전의 조상들이 이루어 놓은 발명에 대해 감사했다. 슈거맨이라는 사람도 수많은 성공을 이루었는데도 여전히 사소한 일에까지 감사한다. 주차장에 자기가 있어도 감사하고, 수도꼭지에서 물이 나와도 감사하고, 감사하는 일이 몸에 배어 있다. 많은 사람들이 부자가 되고 싶어 하고 성공하고 싶어 꿈을 떠올린다. 감사하는 사람은 반드시 성공하지만 실천하는 사람들은 적다.

월러스 워틀스는 다음과 같이 말한다.

"다른 면에서 모두 바르게 살아가는 사람들도 힘겹게 사는 것은 감사함을 느끼지 않아서이다. 그들은 가난에 허덕인다. 오직 감사함을 느끼는 것이 부자가 되는 과학적 방법이다."

이미 가지고 있는 것에 고마워하지 않으면 더 좋은 일을 끌어당기는데 시간이 걸린다. 불평이든 원망이든 고마워하지 않을 때 내뿜는 감정은 모두 부정적이기 때문이다. 질투든 원망이든 불만이든 '부족하다'는 느낌은 원하지 않은 것을 가져다준다. 꿈을 그리고 그와 관련하여 좋은 느낌, 감사함만 느끼자. 뉴스와 모든 세상에 보이는 것들도 감사함의 이미지와 맞는 것들만 보자.

과학자들은 감사하는 생각으로 **꿈의 기적지도**를 생각하는 인간의 뇌의 회로를 바꿀 수 있다고 한다. '신경가소성'이라고 하는 감사의 생각은 어떤 것들도 결국 좋은 쪽으로 바꿀 수 있게 한다. 감사는 건강에 기적을 일으키기도 한다. 뇌신경을 구성하는 뉴런이 새로운 뇌의 회로를 만들어 감사하는 감정을 몸 속 곳곳에 심어 넣어 어떠한 기적이라도 일으키게 한다.

카페에 한 회원님은 기업의 CEO다. 건강이 안 좋고, 체력이 좋지 않아서 여러 가지 운동도 해보고 병원도 다녔는데 나아지지 않았다. 매일 감사메모를 하며 시각화를 했다. 아침에 일어나자마자, 자기 전에 감사 일기를 하루도 빠지지 않고 남기기 시작한지 500일 정도에 기적같이 건강해져서 체력이 새벽 5시에 출근해도 하루를 거뜬히 잘 보내고 사업을 잘 할 정도가 되었다.

의식적으로 긍정적인 행동을 하고 자신감과 용기를 가져라. 무엇이든 할 수 있게 유리한 방향으로 바꾸는 감사 기적을 체험하기 위해서는 의식적이고 의도적으로 '감사'라는 말을 자주 떠올려야 한다. **꿈의 기적지도**를 만들고 나서 '꿈이 이루어져서 감사합니다'라고 적어 보자. 계속 의식을 감사로 돌리면서 행복한 생각을 자주 하자.

로마의 황제이자 스토아학파의 철학자였던 마르쿠스 아우렐리우스는 다음과 말했다.

"인생의 행복은 감사하는 생각의 질에 달려 있다. 그러니 그에 맞게 생각하라. 이성적인 본성에 맞지 않는 생각은 품지 마라."

살을 빼고 싶어서, 더 건강하고 날씬해지기 위해서 어떤 감사함의 습관을 지속시켜야 할지 생각해보자. 아주 날씬한 이미지를 떠올리고 그 밑에다 "나는 건강한 근육질의 활기찬 (　　　)kg의 몸무게를 유지하게 되어 진심으로 감사하다."라고 쓰자. 그러면 건강하게 바뀔 수 있다.

다이어트를 결심할 때마다 실패한 경험을 떠올리게 되면 결국 또다시 실패할 수밖에 없다. 먼저 생각이 바뀌면 언어가 바뀌고 생활 습관이 바뀌게 된다. 그리고 마음가짐이 해이해질 때마다 다시 한 번 지금 먹고 있는 음식과 물, 모든 생명을 통해 우리에게 온 먹을거리에도 감사해보자.

이미 건강하게 된 자신의 모습, 근사하게 바뀌었을 몸에 대해서 생각한다면 자신의 믿음이 어떻게 바뀔까? 그런 삶은 어떤 결과를 가져올까? 미리 **꿈의 기적지도**가 이루어진 상황에 들어가서 "감사합니다"라는 말을 입에 달고 다니자.

어떤 일본의 부자는 성공학 책에서 이렇게 썼다.

"꿈의 기적지도를 그리고 나이만큼 감사를 1만번 곱해서 하면 기적이 일어난다. 만약 지금 자신의 나이가 30살이라면 30만번 감사하면 기적이 일어난다."

이 책을 읽은 사람들은 실천하는 사람과 실천하지 않는 사람들로 나뉠 것이다. 꿈이, 부가 그렇게 빨리 이루어진다면 이 세상에 부자가 되지 않을 사람이 없다고 반문할지 모른다. 하지만 실제로 그렇게 하는 사람들이 적으니 성공한 사람들도 적은 것이다. 실천을 해보면 반드시 기적이 일어난다.

나는 감사의 기적을 실험하기 위해서 감사 계수기를 발명해서 1만번 감사의 기적을 카페 회원님들에게 널리 알렸다. 감사도 재미있는 게임이 될 수 있다고 생각하여 감사 게임도 제안했다. '감사합니다' 말을 할 때마다 계수기를 1번 누르면 되는데 1만번 하기까지 시간이 많이 걸린다. 매순간 하기 쉽도록 '감사감사 감사감사 감사 감사 대감사(또는 다감사)'로 리듬있게 만들어 한번 누를 때마다 7번 감사하게 되는 효과를 만들어내고 있다. 대감사는 크게 감사한다는 뜻으로 크게 운이 좋고, 행복하고, 괜찮아지고, 풍족한 삶을 살라고 하는 뜻이 담겨있다. 운동할 때도 운전할 때도 감사함을 잊지 않기 위해서 잠재의식에 수만 번 새긴다.

지금까지 감사를 수도 없이 하고, 목에다 걸고, 돌아다닐 때마다 감사하고, 버튼을 누르고, 감사일기를 쓰고, **꿈의 기적지도**가 이미 이뤄진 것에 대해 감사하니 기적같은 일들이 매일 생긴다. 동시성을 많이 경험하고 **꿈의 기적지도**를 이룰 주변의 도움이 많아졌다. 결국 모든 것이 다 이기고 승리하고 좋아지는 체험만 하게 되는 것이다.

여러분도 삶이 힘들고 지친다면 무슨 수를 써서라도 **꿈의 기적지도**를 만들어서 감사를 실천하자. 감사는 과학이다. 우리를 도와주는 우주의 근원에게 감사하는 것은 나만 잘 나서 이렇게 되었다는 교만한 마음을 없애준다. 지금 이렇게 살아서 생명을 유지하는 것 자체가 기적이다. **꿈의 기적지도**에 더 많은 꿈을 그리고 감사를 실천한다면 여러분은 놀라운 기적을 계속 현실에서 체험하게 될 것이다

Chapter 2

나의 꿈 점검하기

PART2에서 꿈 테스트를 통해 나의 꿈 5가지를 정했다. 그리고 90일 동안 꿈을 위한 감사메모를 쓰며 나의 동기와 욕구, 목표들을 점검해봤다.

3개월 전의 꿈 테스트지를 보며 우선순위를 점검해보자. 3개월 전에 내가 중요하게 생각했던 것들이 그대로인지 생각해보자. 더 중요한 것이 생겼을 수 있고 새로운 꿈이 생겼을 수도 있다. 원래 생각했던 것보다 더욱 구체적인 꿈을 가지게 되었을 수도 있다. 이미 꿈이 이루어졌을 수도 있다!

꿈이 이루어지지 않거나 변하는 것에 대해 부담감이나 좌절감을 느낄 필요는 없다. 사람은 늘 변하고 성장하는 법이다. 중요한 것은 계속해서 '나의 꿈'을 생생하고 선명하게 이미지로 그리는 것이다.

3개월 전의 꿈 테스트지를 업데이트해 보자.

나의 꿈 테스트

_______년 _____월 _____일

내 꿈이 이뤄져서 내 삶이 이상적일 때 나는,

1 _______________________________하여 감사하다.

2 _______________________________해서 감사하다.

3 _______________________________가 있어 감사하다.

4 _______________________________덕분에 감사하다.

5 _______________________________이니까 감사하다.

이것 혹은 이것보다 훨씬 더 좋은 것들이 완전히 조화롭고 행복하며 만족스럽게 나타나서 감사하다.

또 이미 이루어진 꿈을 이미지화해서 나만의 **꿈의 기적지도**를 다시 만들어보자. 내가 살고 싶은 집, 되고 싶은 사람, 이루고 싶은 목표들을 표현할 수 있는 사진이나 그림들을 붙여서 **꿈의 기적지도**를 업데이트해 보자.

내 꿈이 이뤄져서 이상적일 때의 나는…

내 꿈이 이뤄져서 이상적일 때의 나는…

내 꿈이 이뤄져서 이상적일 때의 나는…

내 꿈이 이뤄져서 이상적일 때의 나는…

내 꿈이 이뤄져서 이상적일 때의 나는…

Chapter 3

소원은 삼세번

"주인님 세 가지 소원을 말하세요. 뭐든지 이루어 드립니다!"

요술램프에서 나온 지니가 알라딘에게 한 말은 현대인들도 간절히 원하는 꿈같은 이야기이다.

디즈니 실사 영화 〈알라딘〉의 감독 가이 리치는 어린 시절부터 가장 좋아하는 디즈니 영화가 알라딘이었다. 언젠가부터 이 동화를 마음속에 그렸다. 영화로 만들어서 아이들도 함께 볼 수 있는 영화로 만들 거라는 꿈을 감사메모에 적어가면서 포기하지 않고 지니고 있었다. 동화에 나오는 이미지들은 이미 마음속에 이루어진 듯이 생생하게 느꼈다. 이렇게 감사하며 마음속에 이미지를 생생하게 그려서 마음에 품으니 기적같은 동시성이 발생했다. 어떤 일에 몰입

하다보면 서로 연관된 일들이 동시에 발생하는 것을 보게 된다. 이런 현상을 칼 융은 동시성(synchronicity)이라고 했다.

그는 실사 영화 〈알라딘〉의 감독이 되자 영화의 현장의 생생함을 전하기 위해 실제 아라비아에서 장기간 캐스팅을 진행할 수 있었다. 작품의 민족성을 위해 아랍, 중동, 중앙아시아계의 발음의 악센트가 있는 배우들을 캐스팅했는데, 주인공 알라딘 역할을 맡은 배우 메나 마수드는 1992년도에 태어났다. 그 해는 애니메이션 〈Aladdin〉이 나온 해다. 재밌는 동시성이 아닐 수 없다.

그가 처음 **꿈의 기적지도**를 그릴 때 모든 배우와 영화의 배경, 우연의 일치로 성공하기 딱 적당한 소원을 그렸지만 구체적으로 어떻게 소원이 이루어질지는 몰랐다. 그저 된다고 생각하고 모든 것을 소원을 들어주는 지니에게 다 맡겼다. 우주를 신뢰하고 자신의 내면의 신성에게 강력히 요청한 것이다.

이러한 **꿈의 기적지도**의 힘은 주변의 모든 사람들에게도 영향을 주었다. 미술 디자이너 젬마 잭슨은 영화 속 도시 '아그리바' 디자인을 다음과 같은 곳에서 영감 받았다. 모로코, 터기, 페르시아, 빅토리아 초상화, 이즈닉 타일 양식등과 문화에서 번뜩이는 영감을 받았다. 모든 것은 이미 이루어진 듯이 감사하며 꿈을 그린 가이 리치 감독의 마음에서 시작됐다.

이런 신기한 동시성이 발생한 게 우연인지 필연인지. 가이 리치 감독의 감사하며 그린 마음속 사진과 그림은 아이디어와 영감을 우주에서 끌어당기기에 충분했다.

소원을 이루는 감사의 원칙도 영화에 그대로 적용되었다. 알라딘 역의 메나 마수드는 영화에서 이렇게 소원을 이야기 한다.

"내 소원은 왕자가 되는 거야."

'이미 그렇게 이루어주셔서 감사합니다.' 이렇게 소원을 이미 이룬 듯이 감사하면, 잠재의식에 가장 잘 입력된다. 감사가 가장 높은 진동을 내는 주파수를 뿜어내기 때문이다. 인간의 행동을 움직이는 요소의 95퍼센트는 잠재의식이다. 이 곳에 잘 입력시키면 소원이 더 빨리 이루어진다.

영화에서 소원이 바로 이루어지는 놀라운 법칙은 우주의 끌어당김의 법칙이다. 이 법칙은 믿음이 가장 중요하다. 알라딘은 요술램프라는 믿을 수 있는 구체적 물건 덕분에 강한 확신과 신념을 가질 수 있었다. 주인공들은 마술이 일어나는 장면을 보면서 놀란다. 실제 현실에서도 이런 마법같은 일이 일어날 수 있다. 모든 소원은 이미 이루어졌다고 강력하게 감사하며 믿고 느끼면 이루어진다.

꿈이 이루어진 원리를 제시하는 영화 대사를 보자.

"가진 게 없을 때 다 가진 척 해야 해."

이미 이루어졌다고 가정하고 감사한 상태에서 행동하는 것이다.

"보스처럼 실제로 행동해."

"나는 알라딘이 진짜로 왕자라고 믿어요."

"소원을 말해봐. 언제든지 다 이루어 줄 테니."

지니는 언제든지 나를 부르라고 한다. 이것은 감사메모의 원리와 완전히 일치한다. 우주의 모든 것을 관장하는 잠재의식을 지니라고 할 수 있다. 우리가 자는 동안에도 뼈와 살과, 피와, 머리카락과, 손톱과, 모든 것을 자라게 하고 세포가 생성되게 하는 잠재의식에게 말하면 반드시 소원을 이루어준다. 이것은 감사의 기도를 하는 것과 같은 원칙이다. 우주의 법칙이고 끌어당김의 법칙이라 불리는 이 법칙에서 예외인 경우는 거의 없다.

감사메모는 요술램프다. 감사메모를 통해 소원을 간절하게 바라면 우주의 파동과 종이 위의 감사의 파동이 일치된다. 마음속으로 램프를 문지르는 것, 즉 감사하며 이미 이루어진 듯 느끼는 것은 꿈이 곧 세상에 드러나니 '준비하시오'라는 신호다.

소원을 이루는 방법에 대해서 다음과 같이 제시한다. 3가지 소원을 이미 이루어진 듯 감사메모를 하며 적는다.

1. 내 소원은 (   )입니다.
   이 소원이 이루어져 (   )에게 감사합니다.

2. 내 소원은 (   )입니다.
   이 소원이 이루어져 진심으로 감사합니다.

3. 내 소원은 (   )입니다.
   감사합니다. 감사합니다. 감사합니다.

실제 소원은 구체적으로 말해야 한다. "아직 소원이 뭔지 생각 안 해봤어"라고 알라딘은 대답하지만 지니는 어떤 것이라도 말하게 한다. "내 소원은 자유의 몸이 된다"라고 지니가 자기 것을 먼저 예시로 제시했는데 지니의 이 소원도 결국에는 이루어진다.

소원을 말하는 것은 상대도 좋고, 나도 좋은 것이다. 상상력을 이용하여 꿈을 그리는 것은 세상을 밝히는 의식 성장에 아주 좋은 일이다.

다시 한 번 강조한다. 소원은 이렇게 빌어야 한다.

"구체적으로 말해."

공식으로 말하는 소원도 있다. 그 소원을 이렇게 말하라.

내 소원은 (   ).

집중해서 램프를 문지르듯, 감사의 감정을 깊이 느끼며 말하라.

램프를 문지르란 말은, **꿈의 기적지도**가 이미 이루어진 듯, 오감 (미각, 촉각, 청각, 시각, 후각)을 다 동원하라는 말이다. 모든 감정과 느낌을 끌어내 생생하게 꿈이 이루어진 것을 체험하고 진심으로 감사해 보자.

우주에서 3의 숫자는 중요하다. 창조는 3으로 이루어진다. 엄마, 아빠로 인해 '나'라는 창조가 생성되었다. 수비학에서는 3을 우주의 숫자로 친다. 333, 3333, 3:33분 이런 글자가 겹치는 것을 보면 천사 숫자로 곧 좋은 일이 일어날 것이라는 신호다.

똑같은 숫자가 반복되는 것을 보면 **꿈의 기적지도**의 소원이 이제 서서히 다가와서 현실에 나타날 준비를 하라는 것이다. 3은 성장과 발전의 숫자다.

자신에게 **지니가 와서 소원 3가지를 빌라고 하면 무엇을 말할 것인가?** 이 말은 아주 중요하다. 사람들은 항상 바라는 것이 많지만 정작 자신이 뭘 가장 원하는지 모른다. 구체적으로 꿈을 그리는 사람들은 누가 물어도 3가지를 즉석에서 대답할 수 있다. 그만큼 **꿈의 기적지도**를 이미 마음속에 구체적으로 가지고 있기 때문이다.

소원 3가지가 입에서 바로 나오는 사람은 크게 성공할 사람들이다. 100일이면 대부분의 소원이 각인된다. 그래서 이뤄질 수밖에 없다. 요술램프는 실제로 존재한다. 100일 동안 자신의 3가지 소원을 이미지로 감사하면서 우주에 요청해 보자. 말도 안 되는 기적이 곧 나타날 수 있다.

감사의 감정을 깊이 느끼는 것은 그만큼 이루어진 꿈을 생생히 느꼈다는 것이다. 감사메모를 적고, 이미지를 보고, 글로 감사 감정을 불어넣으면 세상에 그 어떤 것도 다 창조할 수 있다. 곧 기적을 보게 될 것이다.

만약 3가지 소원을 정하지 못한다면 좋은 기회와 행운이 오는 걸 가로막는다. 그 이유는 다음과 같다.

1. 소원을 이룰 이유가 없기 때문이다.

2. 변화가 두려워서 잠재의식이 저항하기 때문이다.

3. '소원은 이루어지지 않는다' '나는 자격과 가치가 없다'는 잘못된 믿음이 있기 때문이다.

이 저항들을 걷어내고 정면으로 지금 이 순간 빈 칸에 세 가지 소원을 적고 나중에 이 책을 다시 보면 신기하게 이루어져 있을 것이다. 믿음은 잘못된 것이 많으니 지금 당장 자신이 이룰 수 있다고 믿고 적어보자. 나의 3가지 소원은 무엇인가?

다음 예시를 참고해 나의 3가지 소원을 적어보자.

예시)

- 내 소원은 정성껏 만든 책이 많은 사람들의 꿈을 이루어주어 감사의 선순환을 느끼는 것이다.

- 내 소원은 책이 대한민국의 의식을 밝게 하는 것이다.

- 내 소원은 책이 꾸준히 사랑을 받아 많은 사람들이 감사의 효과와 꿈을 이루는 모습을 보는 것이다.

기적을 만들어 보자

앞선 180일 동안 나에 대해, 그리고 나의 꿈에 대해 알아보는 시간을 가졌다. 감사하는 마음을 회복하고 감사의 눈을 갖추는 시간이었다. 그리고 내가 가장 원하는 꿈과 목표에 대해 알아보는 시간이기도 했다.

감사를 깊이 느끼며 메모를 지속해왔다면 뜻밖에 찾아오는 기적들을 체험할 수 있었을 것이다.

이제 스스로 기적을 이루는 감사메모를 써보자. 생각이 나지 않는다면 앞에서 내가 적었던 메모들을 되돌아보자. 나의 꿈 테스트에 적었던 인생의 꿈들을 돌이켜보자. 그리고 **꿈의 기적지도**를 보며 내가 원하는 것들의 이미지를 생생히 떠올려 보자.

3일동안 하루 3번씩 나의 소원을 적고, 이미 이루어진 듯이 감사해보자. 그리고 실제로 그 기적이 일어났을 때 감사메모 밑에 추

가해보자. 모든 꿈이 바라는 대로 이루어지는 나의 역사책이 되어
갈 것이다.

**힘들거나 지칠 때는 '그럼에도 불구하고 감사한 것들'을 적으며
감사 탄력성을 회복해보자.** 지치지 않는 끈기와 끝까지 달려나갈
힘을 얻을 수 있을 것이다. 이럴 때는 작심삼일 선물을 특별한 것으
로 준비해보자. 나를 응원해주는 가장 중요한 사람은 바로 나 자신
이다.

STEP 7에서는 감사의 명언들을 함께 보며 90일 동안 감사메모
로 기적을 이루어보자!

DAY **181**

DAY **182**

DAY **183**

PRESENT

평생 동안 '감사합니다'라는 오직 한 마디 기도만 하더라도
그것으로 충분하다 ◆ 마이스타 에크하르트

저는 어떤 상황에 놓인다고 해도 여전히 즐겁고, 감사하며
행복하게 살기로 했습니다. 행복이나 불행은 많은 부분
우리가 처한 상황이 아니라 마음가짐에 달려있습니다 ◆ 마사 워싱턴

DAY **184**

DAY **185**

DAY **186**

PRESENT

DAY **187**

DAY **188**

DAY **189**

PRESENT

감사는 타인에게 말하면 그냥 평범한 말이지만, 자신에게 말하면
행운과 행복을 부르는 마법 같은 말이 되는 법이다 ◆ 이스라엘 할머니

DAY **190**   .   .

DAY **191**   .   .

감사는 타인에게 말하면 그냥 평범한 말이지만, 자신에게 말하면
행운과 행복을 부르는 마법 같은 말이 되는 법이다 ◆ 이스라엘 할머니

DAY **192** . .

PRESENT

DAY **193** . .

DAY **194** . .

지금이 바로 선물이다. 내일이 아니라 지금 이 시간에 감사하고 행복하겠다
고 결심하면 바로 행복해진다 ◆ 탈무드

DAY **195**

PRESENT

DAY **196**

DAY **197**

감사일기는 혼자 쓰는 것보다 함께 쓰는 것이 좋다 ◆ 엄남미

지금 현재라는 선물을 누릴 수 있는 사람은 감사하는 사람뿐이다
◆ 기적을 만드는 감사메모

DAY **198**

PRESENT

DAY **199**

DAY **200**

상황이 힘들어지면 어려움이 해결되는 중이라고 생각하라 ◆ 뇔르 C 넬슨

감사는 수면의 질을 높여주고 우울증과 피로감을 감소시켜주며
심장 기능을 유지하기 위한 효율성을 높여준다 ◆ 폴 밀스

DAY **201**

PRESENT

복을 기원하며 마음으로 옳고 그름을 따지지 말고,
원망하는 말을 하지 않으며, 너그럽고 감사하는 마음을 가진 사람들에게는
좋은 인연이 다가온다 ◆ 기적을 만드는 감사메모

DAY **202**

DAY **203**

자네 등 뒤에는 보이지 않는 끈들이 이어져 있어. 그 끈들을 아름답게
가꾸는 일이 인생의 전부야. 그게 정말 삶이 전부야 ◆ 레이먼드 조

DAY **204**

PRESENT

감사하는 마음은 다른 사람들을 위해서가 아니라 자신에게 평화를 가져다
주는 행위이다. 그것은 벽에다 공을 치는 것처럼 언제나 자신에게 돌아온다
◆ 이어령

DAY **205**

DAY **206**

DAY **207**

PRESENT

자신이 충분히 가지고 있다는 점에 감사하면 기쁨을 느끼지만,
항상 더 많이 원하면 고통만 증가한다 ◆ 에피쿠로스

DAY **208**

DAY **209**

자신이 처한 상황에서 긍정적인 점을 찾는 태도가
어두운 터널을 빠져 나오게 한다 ◆ 엘리 위젤

DAY **210**　　　　　　　　　　　　　　　　　　　.　　.

PRESENT

자신이 처한 상황에서 긍정적인 점을 찾는 태도가
어두운 터널을 빠져 나오게 한다 ◆ 엘리 위젤

오랫동안 감사하며 고수하기만 하면,
원하는 어떤 것이든 할 수 있다 ◆ 헬렌 켈러

DAY **211**   .   .

DAY **212**   .   .

DAY **213**　　　　　　　　　　　　.　　.

PRESENT

나에게 그것들이 없었다면 나는 얼마나 그것을 갈망했을 것인가를
생각해보고 감사하게 여겨라 ◆ 마르쿠스 아우렐리우스

DAY **214**

DAY **215**

세상에 존재하는 모든 것에 감동하고
감사하며 살아야 하느니라 ◆ 한스 셀리

DAY **216**

PRESENT

DAY **217**

DAY **218**

무언가 소중한 경험이 주어졌을 때 감사한다.
소중한 순간들이 주어질 때마다 감사한다.
그런데 그것들이 공짜로 주어질 때 감사한다 ◆ 데이비드

DAY **219**

PRESENT

DAY **220**

DAY **221**

감사 향기는 저절로 퍼져나가 주위 사람을
행복으로 물들인다 ◆ 데보라 노빌

DAY **222**

PRESENT

감사에 대한 집중력을 매일 살아 움직이게 하라 ◆ 넬슨 만델라

DAY **223**

DAY **224**

무슨 일이 일어나든 '점점 더 삶이 좋아질 것이다'라고
긍정적으로 생각하자 ◆ 엄남미

DAY **225**

PRESENT

감사할만한 것을 도저히 떠올릴 수 없을 때에는 지금 숨 쉬고 있다는 것에
감사하면 된다 ◆ 오프라 윈프리

DAY **226**

DAY **227**

행복을 얻으려면 다른 어떤 진지한 목표를 이룰 때와 마찬가지로
정진과 마음 수행을 해야 한다 ◆ 마티유 리카르

DAY **228**

PRESENT

DAY **229**

DAY **230**

물이 사랑과 감사의 말을 들으면 수결정체가
아주 아름답게 보인다 ◆ 에모토 마사루

DAY **231**   .   .

PRESENT

네가 지금 가지고 있는 것들에 대해 감사하기 전까진
원하는 것을 얻지 못할 것이다 ◆ 졸 크랠릭

DAY **232**

DAY **233**

네가 지금 가지고 있는 것들에 대해 감사하기 전까진
원하는 것을 얻지 못할 것이다 ◆ 졸 크랠릭

DAY **234**

PRESENT

지금 이 순간에 감사하면 삶의 영적 차원이 열릴 것이다 ◆ 에크하르트 톨레

DAY **235**

DAY **236**

DAY **237**

PRESENT

남을 아는 자는 지혜롭고, 스스로를 아는 자는 현명하며, 남을 이기는 자는
힘이 있고, 스스로를 이기는 자는 강하며, 만족하며 감사하는 자는 부유하다
◆ 노자

DAY **238**

DAY **239**

◆ 노자

DAY **240**

PRESENT

불행할 때 감사하면 불행이 끝나고 모든 일이 잘 되고,
형통할 때에 감사하면 형통이 연장된다 ◆ 스펄전

DAY **241**

DAY **242**

불행할 때 감사하면 불행이 끝나고 모든 일이 잘 되고,
형통할 때에 감사하면 형통이 연장된다 ◆ 스펄전

긍정으로 감사하며 보라는 것은 '다 좋다'는 얘기가 아니다.
넘어지면 '아, 이래서 내가 넘어졌구나' 하고 감사하며 교훈을 얻어서
다음에는 안 넘어질 수 있는 길을 찾는 것이다. 그러면 결과적으로
넘어진 게 안 넘어진 것보다 더 좋은 일이 된다 ◆ 법륜 스님

DAY **243**

PRESENT

DAY **244**

DAY **245**

낙천적이고 긍정적이며 감사하는 마음을 가진 사람은 모든 일에 부정적이고
불만이 많은 사람들보다 삶에 만족도와 성취도가 높다 ◆ 넬슨 & 칼리바

DAY **246**

PRESENT

DAY **247**

DAY **248**

DAY **249**

PRESENT

DAY **250**

DAY **251**

인생을 위대하게 하고, 행복하게 하고,
원하는 대로 이루어지게 해주는 비밀이 감사에 있다 ◆ 론다 번

DAY **252**

PRESENT

감사한 마음을 가지고 그것을 어떤 식으로 표현하는 사람들은 그렇지 않은
사람들보다 무려 백만 배의 힘을 더 발휘할 수 있다 ◆ 뇌과학자

DAY **253**

DAY **254**

감사는 우리를 행복하게 만들 수 있는
가장 간단한 방법이다 ◆ 오스카 와일드

DAY 255

PRESENT

DAY 256

DAY 257

DAY **258**

PRESENT

일찍 자고 일찍 일어나는 습관을 길러라. 성공한 거의 대부분의 사람들은
일찍 자고 일찍 일어난다. 일찍 일어나면 건강하고 현명한 사람이 되고
돈을 많이 번다. 그리고 건강해 대해 감사하라 ◆ 브라이언 트레이시

DAY **259**

DAY **260**

DAY **261**

PRESENT

기록하기를 좋아하라. 쉬지 말고 기록하라. 생각이 떠오르면
수시로 기록하라. 기억은 흐려지고 생각은 사라진다 ◆ 다산 정약용

DAY **262**

DAY **263**

기록하기를 좋아하라. 쉬지 말고 기록하라. 생각이 떠오르면
수시로 기록하라. 기억은 흐려지고 생각은 사라진다 ◆ 다산 정약용

DAY **264**

PRESENT

DAY **265**

DAY **266**

진실한 감사는 우리의 자존감을 높여준다.
상대방에게 진심으로 감사의 마음을 표현하면 선량한 불꽃이
서서히 피어올라 우리의 자존감을 높여줄 것이다 ◆ 샤흐르

DAY **267**

PRESENT

DAY **268**

DAY **269**

행복하기 위한 조건은 감사다 ◆ 칼 힐티

DAY **270**

PRESENT

모두의 꿈을 위한
30일 감사

Chapter 1

❖

모두를 위한 감사

여기까지 꾸준히 했다면 300일까지 30일을 앞두게 되었을 것이다. 그동안 어떤 기적을 경험했는가? 또 어떤 감사한 일들이 벌어졌는가? 놀라운 체험들이 가득했길 바란다.

넬슨 지니는 "감사는 의학적으로 우리 심장이나 몸, 정서에 좋은 반응을 일으킨다!"고 했다.

운동을 꾸준히 하면 근육이 생기는 것처럼 우리의 마음도 꾸준히 감사메모를 써서 세상에 표현을 하면 감사 근육이 생겨, 자신과 주변의 여러 사람들이 행복해진다. 감사하는 마음은 운동처럼, 백신이며, 항암제이며, 항독제이자 항균제이다. **가장 쉬운 건강 방법이 '감사하기'다.** 건강은 건강할 때 감사하며 지켜야 한다. 몸이 안

좋을 때 건강할 때의 모습이 얼마나 간절했던가. 지금 이렇게 건강하게 책을 읽을 수 있는 이 순간에 감사메모를 남기는 것은 가장 쉬운 건강 유지 방법이다.

건강을 오랫동안 유지하면 사회에 공헌할 체력이 생겨 소망들이 생겨나기 시작한다. 그 소망들을 이룰 힘이 자신 안에 있기 때문에 그 힘을 밖으로 꺼내면 불가능한 것들을 가능하게 만들 수 있다. 그 시작이 감사메모다.

남은 30일은 나의 꿈과 목표가 다른 사람들에게도 좋은 영향을 끼치고 있는지 점검해보자. 나만을 위한 욕심만 가득해서는 운을 끌어당길 수 없다.

인간은 혼자서 태어날 수 없다. 인연으로 다들 이어져있다. 혼자서는 어엿한 한 인간이 될 수 없다. 누군가의 도움이 있었기에 지금의 우리가 존재한다.

복을 기원하면서 사사로이 시비를 따지지 않고, 원망하는 말을 하지 않으며, 너그럽고 감사하는 마음을 가진 사람에게만 좋은 인연이 다가온다. 그러나 항상 남을 원망하고, 인색하게 굴며, 다른 사람들을 흉보고 부정적인 생각을 하면 무슨 수를 써서도 복은 오지 않는다.

레이먼드 조는 《상처받지 않고 행복해지는 관계의 힘》에서 기린들의 입을 통해 이렇게 말한다.

"인간관계는 물처럼 자연스러워야 하는 법이야. 이익을 위해 억지로 맺은 관계는 오래가지 않아."

물처럼 자연스럽게 인연을 끌어당기기 위해선 지금 옆에 있는 인연에게 감사함을 느껴야 한다. 감사함을 짧게 메모하여 상대방에게 보여주면 가장 좋지만, 매일 기록하는 것만으로도 좋은 기운을 내보내서 좋은 인연들을 끌어당긴다. 인연의 끈을 통해 자연스럽게 행복이 찾아온다.

감사가 선순환하는 사회를 만들면 결국 나에게도 좋은 일이 된다. 내 주위에 고마운 사람들에게 감사를 전하고, 또 내가 먼저 도움과 행복을 전할 수 있는 사람이 되어보자.

STEP 8

모든 것에 감사하자

세상에 베푼 것은 반드시 자신에게 돌아오게 되어있다. 그건 자연의 이치다. 베풀면 행복해진다.

이 세상에서 가장 가치 있는 일 중 하나가 봉사다. 나만의 행복을 위해서 사는 사람들은 그렇지 않은 사람들보다 행복지수가 낮다. 내가 남을 행복하게 해준 만큼 내 행복이 증가된다. 베푸는 것은 물질 뿐만 아니라, 주변 사람들에게 베푸는 친절한 미소, 인사, 웃음, 따뜻한 손길도 포함된다.

황창연 신부는 옆 사람에게 따뜻한 말 한마디 건네는 것이 10억을 버는 것과 같다고 말한다. 그 사람이 힘들 때 따뜻하게 안아주며 도움을 주는 것은 100억을 버는 것과 같은 가치가 있다고 한다.

어렵게 생각하지 말고 아주 작은 것부터 모두를 위한 감사를 실천해보자!

'고맙습니다', '감사합니다'라는 말은 간단하지만 그 말을 내뱉는 순간,
그 자리의 공기를 바꾸는 힘이 있다 ◆ 론다 번

DAY **271**

DAY **272**

디지털 기기의 홍수에 빠져 있는 사람들에게 전 세계 명상가들은 평화로움과
마음의 안정을 위해 복식호흡을 하라고 강조한다 ◆ 틱닛한 불교 수행자

DAY **273**

PRESENT

DAY **274**

DAY **275**

DAY **276**

PRESENT

감사하는 마음이 감사할 일을 부른다. 무엇인가에 감사할 줄 알면
감사한 일이 우리 인생에 더 많이 흘러 들어온다 ◆ 마시 시모프

DAY **277**

DAY **278**

DAY **279**

PRESENT

성공이란 반복되는 실패 가운데
감사와 열정을 잃지 않는 능력이다 ◆ 윈스턴 처칠

DAY **280**

DAY **281**

DAY **282**

PRESENT

우리가 원하는 방향으로 삶을 계획하고, 그 계획에 따라서 잘 살아갈 수
있게 해주는 유일한 수단이 바로 감사하는 정신이다 ◆ 시인 헨리

DAY **283**

DAY **284**

감사하는 마음을 가지면 자신의 내면이나 주변의 상황을
긍정적으로 바라볼 수 있게 된다 ◆ 넬슨

DAY **285**

PRESENT

하루하루 일상에서 좋은 일들을 찾아내고 감사하는 것은
우리의 무한한 잠재력을 모으는 시초가 된다 ◆ 데보라 노빌

DAY **286**

DAY **287**

DAY **288**

PRESENT

감사는 우리의 부정적, 비판적 자아를 눈 녹여내듯,
양육적 자아로 항해하기 시작한다 ◆ 마틴 셀리그만

DAY **289**

DAY **290**

DAY **291**

PRESENT

감사실천이 뇌의 사회적인 관계를 담당하는 측두엽의 쾌락 중추를 작동시켜
도파민, 세로토닌, 엔도르핀 같은 행복호르몬이 나오게 한다 ◆ 뇌과학자

DAY **292**

DAY **293**

DAY **294**

PRESENT

DAY **295**

DAY **296**

DAY **297**

PRESENT

감사메모와 긍정 정서는
역경을 극복하는 회복력의 자양분이자 전제조건이다 ◆ 엄남미

DAY **298**

DAY **299**

'고마워'라는 말은 도움에 대한 욕구를 충족시킴과 동시에
상대방의 관계를 강화시키는 말이다 ◆ 루이스 헤이

DAY **300**

PRESENT

Chapter 2

꿈의 기적지도가 필요한 이유

꿈의 기적지도를 그리며 300일의 기적을 체험했는가? 이 책과 함께 한 모든 분들이 앞으로도 1년, 10년, 그리고 평생 꿈을 이루며 사는 기적이 있기를 바란다.

앞으로도 계속해서 **꿈의 기적지도**를 그릴 수 있도록 12가지의 팁들을 공유한다. 어떻게 나만의 꿈을 찾을 수 있는지, 왜 **꿈의 기적지도**를 그려야 하는지, 왜 항상 감사해야하는지를 기억하며 소원을 모두 이뤄나가자.

1. 미래

인생을 크게 바꾸고 싶은가? 먼저 **꿈의 기적지도** 감사메모 써 보자. 지나간 과거의 일들이 더 이상 집착으로 다가오지 않을 것이다.

이미 지나간 과거의 일은 바꿀 수 없다. 바꿀 수 없는 걸 붙잡고 아쉬워하지 말자.

지금 이 순간에 감사할 점들을 메모하면서 바꿀 수 있는 미래를 향해 **꿈의 기적지도**와 친구가 되어 보자. 하지 못했던 것들에 미련을 두지 말고 하고 싶은 것들을 바라보면서 새로운 미래를 그려보자. 뒤를 돌아보면 앞을 볼 수 없다.

과거는 이미 지나갔다. 미래는 아직 오지 않았다. 지금 이 순간은 미래와 가장 근접한 시간이다. 지금 행복하면 미래도 행복하다. 오직 자신이 지금 행복하게 웃을 수 있는 미래를 그려보자.

2. 시각화의 과학적 근거

뇌에 운동적 기능과 지적 기능을 담당하는 RAS(reticular activating system) 망상 활성화계는 외부 환경에서 받아들이는 감각정보를 걸러주는 역할을 한다. 보고, 듣고, 느끼고, 맛보는 모든 것을 걸러낸다. 뇌는 1초에 4억 비트 이상의 정보를 처리하는데 이 많은 정보 중에 망상 활성화계에서 2,000비트만 의식으로 걸러내고 나머진 의식 밖으로 다 버린다. 중요한 정보만 추출하고 나머진 버리는 망상 활성화계는 이미지에 아주 강하게 반응한다.

　잠재의식을 담당하는 우뇌는 1초에 1,000비트의 고속으로 정보를 처리한다. 반면, 언어 논리를 담당하는 좌뇌는 처리 속도가 40비트 밖에 되지 않는다. 잠재의식과 현재의식이 충돌하면 반드시 상상인 이미지 승리이다. 우뇌의 1000비트 속도로 신념이나 이미지에 부합하는 정보를 생각과 감정에 따라 보낸다. 그래서 언제나 잠재의식이 이기게 되어 있다. 아인슈타인이 지적한 상상과 이성이 싸우면 언제나 상상이 이긴다는 말이 바로 잠재의식의 중요성을 말하는 것이다. 반드시 자신의 목표나 꿈에 대한 **꿈의 기적지도**를 작성하고 이미지를 붙이면 효과가 증폭된다. 거기에다 감사의 감정까지 불어넣는 감사메모를 쓰면 반드시 시각화의 이미지가 이루어진다.

3. 꿈의 기적지도 동시성

　꿈의 기적지도를 꾸준히 쓰면 불가사의한 동시성이 나타날 것이다. 공시성 혹은 동시성이 많이 나타나게 될 것이다. **꿈의 기적지도**를 쓰고 목표와 꿈의 이미지를 바라볼수록 우리의 RAS는 이미지와 관련된 정보를 우뇌에서 계속 보내준다. 이미지와 감정을 담당하는 우뇌 즉, 잠재의식은 정보처리가 1초에 1000만 비트이다.

매우 고속력이다. 언어와 논리의 좌뇌는 250분의 1로 처리 속도가 줄어든다. 그래서 꿈을 구체적으로 이미지로 생생하게 상상하라고 한다. **꿈의 기적지도**는 자신이 바라는 것을 명확하게 이미지로 이미 붙였기 때문에 노트에 의해 동시성의 증거들이 계속 나타나게 될 것이다.

우리가 오감을 통해 몸 전체로 받아들이는 양의 1100만 비트 중, 눈이 1000비트이다. 시각화가 얼마나 중요한지 알 수 있다. **꿈의 기적지도**에 쓰고 보는 모든 것이 자신의 꿈에 관련된 이미지와 말이 되어야 하는 이유이다. 귀가 10만 비트, 혀는 1000비트 정도의 정보를 뇌로 보낸다. 이 중에서 말로 이미지 없이 무의미하게 대화하는 것은 처리 속도가 40비트 밖에 되지 않는다. 그래서 상상과 이성이 대결하면 언제나 상상이 이긴다. 동시성은 이런 뇌의 과학적인 프로세스에서 나왔다.

예를 들어 커트 머리를 해서 전문가다운 이미지를 붙였다고 할 때, 길거리에서 커트 머리를 한 사람들이 사방팔방에서 보일 것이다. 이미지를 많이 볼수록 감정이 강렬할수록 동시성은 더 자주 나타난다. 공항에서 수많은 소음 중에서 자신의 이름을 부르면 RAS가 활성화 되어 바로 반응을 보이는 것처럼, 동시성은 자동적이다.

자신이 간절히 바라는 꿈의 이미지를 자주 바라볼수록 동시성이 자주 나타나는 이유는 RAS가 대뇌에서 항상 작동되고 있기 때문이다. RAS는 자신의 꿈의 이미지 외에 중요하지 않은 정보는 모두다 의식에서 청소한다. 오직 중요한 정보만 내보내서 행동하게 만든다. 동시성이 오면 기뻐하라. 꿈이 다가오고 있다는 신호이다. **꿈의 기적지도**를 쓰고 보는 것을 계속 자주하라. 거기에다 매일 하루하나 자신에게 감사한 것들을 적어 보면서 감정을 크게 기쁨으로 끌어당겨 원하는 것을 이루는 꿈의 작업을 하라.

4. 목표

우리들의 삶의 주인은 나 자신이다. 우리 앞에 놓인 과제나 과업은 스스로의 능력으로 충분히 해낼 수 있다. 여러분의 내면에는 무한히 빛나는 기적의 별빛이 있기 때문이다. 과업을 잘 해내는 데 대한 믿음과 **꿈의 기적지도** 감사메모가 여러분의 목표를 이루는데 이정표가 될 것이다. 배가 안전하게 항해하기 위해서는 등대가 꼭 있어야 불빛을 보고 방향을 파악하듯 여러분에게도 등대가 필요하다. 등대가 목적지에 안전하게 도착하도록 언제나 밝게 빛나고 있다. 목표가 있으면 시간을 헛되이 사용하지 않는다.

성공의 비밀은 목적의 설정과 지속성에 있다. 겨우 하루만 해보고 목표가 달성이 안 되었다고 포기한다면 성공이라는 목표는 멀어질 것이다.

목적지에 도착하기 위해서는 계속해서 노를 저어야 한다. 목표를 이루기 위해서 매일 **꿈의 기적지도** 감사메모를 쓰는 것은 노를 젓는 것과 같다.

화살을 쏠 때는 명확히 목표를 규정하여 활시위를 당긴다. 정확히 명중하기 위해서는 어디로 화살이 날아가서 꽂혀야 하는지 활이 쏘일 위치를 정해야 한다. 그것이 목표이다. 기적지도 감사메모는 궁수이다. 화살을 잘 쏘아서 정확한 목적지로 데려다 준다.

5. 기적지도 의식의 초점

현재의 모든 행동은 나의 믿음의 결과이다. 의식의 초점을 어디에 두겠는가? 자신의 꿈을 적고 그와 관련된 이미지를 붙이고 감사메모를 함으로써 목표를 이루는 행동의 결과를 내겠는가? 아니면 여기에서 멈추고 그저 그런 삶을 원래대로 살겠는가? 장기간의 지속적인 변화를 원한다면 지금 계속 감사메모를 적어 목표와 방향을 수정하면서 앞으로 나아가야 신념의 변화가 생겨 삶이 더 풍요로워진다. **꿈의 기적지도**는 지금에 집중하게 하고 그것이 미래의 점과 연결하여 반드시 자신이 바라는 곳으로 데려다 줄 것이다.

6. 감정 불어 넣기

　이미지에 감정을 불어 넣으면 이루어지는 속도가 빨라진다. 우리가 과거를 기억할 때 강한 감정이 있는 장면은 기억에 오래 남듯, 미래의 꿈은 감정을 현재 이미 이루어진 듯 상상하면 이미지에 붙인 이미지가 금방 나타난다. 지금의 감정은 어떤가? 지금의 기분을 잘 살펴보자. 기분이 나쁘면 꿈이 이루어진 감정이 아니기 때문에 바라는 것들을 오는 것을 더디게 만든다. 그러나 지금 감정이 행복하고 즐겁고 감사한 상태라면 꿈이 다가오고 있다는 증거를 동시성에 의해서 많이 보게 될 것이다. 긍정이라는 감정은 지금의 감정을 있는 그대로 인정하는 것이다. 그때 변화가 시작된다. 자신을 인정하고 미래의 희망으로 초점을 맞추면 긍정이 안심으로 바뀌게 만들어 희망이라는 감정이 뇌에서 나온다.

　지금 어떠한 상태라도 좋다. **꿈의 기적지도**를 만들고 계속 자신에 대한 성찰을 하면서 목표를 쓰다보면 점점 기분 좋은 감정의 비율이 높아져서 '원하는 현실'을 체험하기 쉬워진다. 감사메모를 통해 감사라는 꿈을 이룬 상태의 감정을 많이 느껴보라. 지금까지 이런 비슷한 작업을 하면서 감사메모를 계속해서 쓰신 분들은 이 말의 뜻을 알 것이다. 이미 그 현실을 체험하고 계시니까 말이다. 여러분의 불가능할 정도로 큰 꿈은 무엇인가? 계속 **꿈의 기적지도**에 적고 상상하고 감정을 불어 넣어보라. '미래의 나'가 이미 이루어진 상태에서 계속해서 꿈을 이룰 단서들을 보낼 줄 것이다.

7. 감사메모는 기적창조

정주영 회장은 기발한 상상력의 대가였다. 정주영 명예회장 탄생 100주년을 맞이하여 열린 심포지엄에서 그의 업적이 재조명 받았다. 그의 인식구조는 기발한 상상력에서 시작되었다. 대부분의 사람들은 시간의 흐름을 쫓는 의식구조를 띠는 반면, 정 명예회장은 과거 현재 미래가 공존하는 공시적 인식 구조를 띠었다. 상상으로 어디든, 어느 시간으로든 갈 수 있었다. 상황에 따라 변화는 것이 아니라 상황을 초월하는 열린 상상력을 가지고 있었다. 강한 시각화는 어떤 운명도 창조하게 만든다.

정주영 회장은 울산의 모래사장 사진 하나만 갖고 선박 수주를 따러 영국으로 날아갔다. 선박컨설턴트 A&P애플도어의 추천서가 필요했음에도 불구하고 막무가내였다. 500원짜리 지폐를 꺼내어 거북선 그림을 자랑스럽게 펼쳤다. 한국의 조선 역사를 자랑했다. '할 수 있다'는 자신감과 강한 상상력과 확신으로 찰스 롱바텀 회장의 부정적인 입장을 설득시켰다. 선박 수주에 나선 정 명예회장의 상상에 주변에서는 무모하다고 생각했다. 하지만, 롱바텀은 정 명예회장의 기지에 감탄했다며 추천서를 써줬다. 그렇게 선박 수주에 성공했다. 그리고 오늘의 현대중공업을 세웠다.

'이봐, 해봤어?' 정 명예회장이 생전에 자주 했던 이 말이 행동하게 만들기 때문이다. 행동하지 않고는 알 수 없다. 미래를 생생하게 상상하면 그대로 이루어진다. 마음속 GPS는 우리의 영혼을 가장 행복하게 만들어주고 인류를 밝고 환하게 비추어주는 기적지도이다. 정주영 회장은 매일 아침 삶이 설레서 일어날 수 있는 자체에 감사하는 긍정주의자였다. 옛 조상들이 항해를 하여 새로운 땅을 발견할 때는 지도가 없었다. 오직 나침반 하나로 방향을 잡아야 했다. 지도가 없을 때에도 방향을 안내해주는 나침반을 항상 손에 들고 있어야 길을 잃지 않는다. 영혼이 정직하게 꿈을 그리고 이미지를 확실하게 볼 수 있도록 만들어놓도록 한다. 그러면 길을 잃을 염려가 없다. 정확히 상상이 진실한 인간의 꿈의 도착지를 알려주기 때문이다.

8. 시각화

목표를 달성하는 방법 중에 가장 좋은 것은 시각화이다. 시각화를 쓰지 않고서는 목표를 확고히 할 수 없다. 마음속에 들어있는 이미지 한 장은 강력하다. 그것에 대한 시각화를 매일 쓰고 이미지를 생생하게 봄으로써 꿈을 이루는 속도를 빠르게 한다. 결과를 먼저 명확히 그린다. 계속 정신을 차리고 **꿈의 기적지도**를 쓸 수 있도록 마감시간을 정하는 것이 좋다. 언제까지 이 시각화의 이미지가 이루어지면 좋겠다는 데드라인을 정하는 것이다. 정확한 마감 시간을 정하지 않으면 먼 미래로 꿈이 던져질 것이다.

40년~50년 후, 최종 목적지는 그리고 생생하게 상상하되 1년 후의 기적지도를 떠올리고 미리 감사메모를 어딘가에 적어 둔다. 3년 후, 5년 후, 10년 후 중, 단기의 목표도 시각화한다. 종이에 적지 않은 목표는 목표가 아니다. 막연히 상상하는 몽상에 불과하다. 하지만 목표를 **꿈의 기적지도**에 적고, 매일 이미지를 들여다보고 행동하면 거의 모든 소망을 다 이루어진다.

9. 삶의 우선 순위

진정으로 인생에서 원하는 것이 무엇인지를 알아보는 노트가 바로 **꿈의 기적지도** 감사메모다. 계속 자신이 적은 노트에 반복적인 말이 있을 것이다. 그것이 삶의 가장 우선순위이다. 이렇게 자신에게 자문해 보자.

"내 인생에서 가장 소중한 것은 무엇이지?"

생각나는 대로 **꿈의 기적지도** 감사메모에 적어 둔다. 마음의 평화, 평온, 조화일까? 아니면 사랑과 인정, 관심, 연대, 소통일까? 무엇이든 좋다. 종이 위에 여러 번 쓰기에, 그 단어는 인생에서 가장 소중한 가치가 될 것이다. 그 삶의 우선순위를 해결하기 위해서라도 **꿈의 기적지도** 감사메모를 계속 쓰도록 한다. 지금까지 제대로 써 왔다면 놀라운 우연의 일치에 놀랄 것이다. 필요하다면 우선순위를 조정해도 좋다. 언제나 목표를 향한 행동과 가치를 수정해도 좋다.

10. 미래계획

자신의 미래 로드맵이 있는가? 산을 올라가는데 이정표가 없으면 정상이 어디에 있는지 갈 길을 알 수 있겠는가. **꿈의 기적지도**에 감사하면 미래의 로드맵 대로 살아가게 된다.

지금 이 자리에서 자신의 미래에 내가 어느 곳에 누구와 무엇을 하며 어떻게 살고 있는지 **꿈의 기적지도** 김사메모를 적어 본다. 만약 아무런 생각이 없고 적을 수 없는 독자들은 계속 기적지도 감사메모를 사용하여 자신의 미래를 그릴 수 있어야 한다. 배가 항해하는데 목적지가 없으면 항구에 평생 정박만 해 있을 것이다. 만약 그릴 수 없다면 남이 짜 놓은 각본으로 살다가 삶의 마지막에 후회하게 될 것이다.

10년 후

____

20년 후

____

30년 후

____

40년 후

____

50년 후

____

60년 후

____

11. 꿈의 기적지도를 쓰지 않는다면?

꿈을 이룰 수 있는 변화는 능력의 문제가 아니라 **꿈의 기적지도**를

쓰는 동기 부여의 문제이다. **꿈의 기적지도** 감사메모 습관이 만들어

질 때는 눈에 안 보이는 실과 같지만, 그 행동을 반복할 때마다 그 끈
이 차츰 강화되어 꿈을 이루는 동아줄이 된다. 굵은 밧줄은 우리가
미래의 꿈을 이루기 위한 행동을 할 때 어떤 어려움이 와도 그 줄을
잡고 올라가는 힘이 된다. 원하는 것을 쓰지 않고 확인할 방법이 있
을까?

12. 불가사의한 일을 적어보기

지금까지 **꿈의 기적지도** 감사메모를 꾸준히 썼다면 반드시 동시성
이 나타난다. 불가사의한 우연들을 적어 보자. 이미지와 말은 우리의
신념을 형성한다. 신념으로 인해 행동하게 되니, 주변에 수많은 이미
지들이 나타날 것이다. **꿈의 기적지도**와 관련된 사람들과 인맥, 책에서
읽은 문구, 간판이나 지하철에서 본 어떤 광고의 문구가 나타난다. 동
시성은 자신의 기적지도 감사메모의 이미지와 일치하여 내면에서 뭔
가 진동이 발생하였기 때문이다. 주변 사람들에게도 꿈의 열정 에너지
가 함께 전달되어 주변이 좋아졌을 것이다. 그 세세한 기적의 증거들
을 적어보면서 불가사의한 우연의 동시성을 즐겨보자.

에필로그

　이제 여러분은 꿈의 기적지도와 이정표를 다 그렸다. 이제는 자신에게 이런 꿈이 다가오는 걸 허락할 수 있다. 이미 우주에 전송했으니 어떠한 동시성이 나타나더라도 감사하며 기다릴 수 있다. 여러분이 종이 위에 쓴 것은 시간차에 의해서 반드시 나타날 것이다. **꿈이 이루어지는 시간 동안 나타날 그 모든 과정을 즐기는 것이 가장 중요하다.** 인생은 여러분을 위해 존재한다. 모든 것이 여러분을 위해 작동하고 있다. 그러니 모든 것을 믿고 내어 맡겨 보라. 놀랍도록 여러분의 꿈의 기적지도가 이루어질 것이다.

　그리고 하루의 어느 때라도 빈 종이에 **여러분이 여기에 적은 꿈의 기적지도를 하나하나씩 음미하면서 글을 써 보라.** 솔직하게 자신의 내면에 있는 꿈을 종이 위에 적다 보면 놀라운 일들일 일어날 것이다. 그것을 우주의 동시성이라고 한다. 어떤 마음이 일어나서 어디로 가라고 할 것이고, 이런 사람을 만나보라고 내면에서 이야기 할 것이다. 우연히 본 책의 메시지나 포스터, 종이, 신문, 인터넷 등 여러분의 꿈을 이루어줄 정보들이 나타나기 시작할 것이다. 그때 과감하게 여러분의 꿈의 기적지도에 적힌 대로 행동해보라. 꿈은 가속화되어 이루어지는 속도는 더 빠르게 될 것이다.

나의 꿈의 기적지도는 여러분의 꿈이 다 이루어져서 행복하게 웃는 모습을 보는 것이다. 이 세상에서 가장 중요한 여러분 내면의 행복은 **심장이 뛰는 아주 행복한 꿈을 상상하면서 그 꿈을 이루어나가는 과정에 있다.** 하루에 하나씩 감사메모 꿈의 기적지도를 쓰시면서 행복하게 그 과정을 즐겨 보라.

여러분이 꿈을 이루는 동안 저도 옆에서 항상 응원하고 기도하겠다.

《미라클맵》,《기석을 만드는 감사메모》 저자

엄남미 올림

꿈의 기적지도 이정표 만들기

목표를 세우고 계속해서 보고 입으로 내뱉으면 훨씬 빨리 기적이 일어나고 원하던 일이 이루어질 수 있다.

꿈의 기적지도를 일상 속에서 지속적으로 기억할 수 있는 활용 방법을 소개한다.

또 꿈이 이루어진 내 모습을 상상하며 내 꿈을 구체화하는 방법을 통해, 내가 꿈꾸는 목표의 숨겨진 욕구를 발견하고 진짜로 원하는 꿈이 무엇인지 빠르게 피드백할 수 있는 방법을 함께 수록했다.

120쪽의 내용을 참고하여 작성해보고 3개월에 한 번씩, 꿈의 기적지도를 업데이트하며 소원을 성취해보자!

나의 꿈의 기적지도 찾기   ______년 ___월 ___일

바라는 모든 것이 이루어진 이상적인 상태를 상상한 후 여기에
제약이 없고, 두려움이 없고, 뭐든지 할 수 있다면 이루고 싶은 꿈
이나 목표를 적어보자. 10가지 이상 적어도 좋다. 10개에서 15개
정도를 적어 보자.

내 삶이 이상적일 때 나는

1. ________________________라는 꿈이 이루어져 감사합니다.

2. ________________________라는 꿈이 이루어져 감사합니다.

3. ________________________라는 꿈이 이루어져 감사합니다.

4. ________________________라는 꿈이 이루어져 감사합니다.

5. ________________________라는 꿈이 이루어져 감사합니다.

6. ________________________라는 꿈이 이루어져 감사합니다.

7. ________________________라는 꿈이 이루어져 감사합니다.

8. ________________________라는 꿈이 이루어져 감사합니다.

9. ________________________라는 꿈이 이루어져 감사합니다.

10. ________________________라는 꿈이 이루어져 감사합니다.

이 중에 가장 마음에 와닿는 꿈 5개를 형광펜으로 표시한다.

상위 꿈의 기적지도 5개 뽑기　　　　_______년 ____월 ____일

　　앞 장에서 찾은 가장 심장이 뛰는 목표 5가지를 여기에다 다시 쓴다.

내 삶이 이상적일 때 나는

▶ **기적지도 첫 번째**

____해서 감사하다.

▶ **기적지도 두 번째**

___________________ ___라는 꿈이 이루어져 놀라워 감사하다.

▶ **기적지도 세 번째**

______________________________라는 생각지도 못한 목표가 이루어져 감사합니다. 감사합니다. 감사합니다.

▶ **기적지도 네 번째**

______________________________라는 행복한 꿈이 이루어져 놀랍도록 감사합니다. 감사합니다. 감사합니다.

▶ **기적지도 다섯 번째**

________________________________라는 기적이 일어나 감사를 수백 번 외쳐 감사합니다. 감사합니다. 감사합니다.

이것 혹은 이것보다 훨씬 더 좋은 것들이 느긋하고, 여유롭고, 수월하고, 편안하고, 쉽게, 긍정적으로, 건강하게 모든 사람들의 선을 위해 조화롭고 완전히 만족스럽게 나에게 와서 감사합니다. 감사합니다. 감사합니다.

꿈의 기적지도 이정표 붙이기

상위 꿈 기적지도 5개를 작은 카드(스터티 영어 단어 외우는 카드 정도의 사이즈)에 쓴다. 그 후 꼭 아래에 이 문구를 쓴다.

이것 혹은 이것보다 훨씬 더 좋은 것들이 느긋하고, 여유롭고, 수월하고, 편안하고, 쉽게, 긍정적으로, 건강하게 모든 사람들의 선을 위해 조화롭고 완전히 만족스럽게 나에게 와서 감사합니다. 감사합니다. 감사합니다.

이 카드를 매일 볼 수 있는 장소(화장실 거울, 지갑, 냉장고, 자동차 계기판, 컴퓨터 화면, 휴대폰, 현관문 등) 6군데에 붙여 놓고 하루 3번 아침, 점심, 저녁 읽고 따라서 읽는다.

꿈의 기적지도 상상하기

꿈의 열정이 어떤 모습으로 현실화될지 상상하면서 이루어진 상태를 5가지 행동 동사로 묘사해 보자.

빈칸에 기적지도를 써 보고 아래에 어떤 식으로 꿈이 이루어졌는지, 그 때의 나는 어떤 행동을 하고 있는지를 자세하게 써 본다.

기적지도 첫 번째

첫 번째 꿈이 이뤄졌을 때 나는 다음의 5가지 행동을 하고 있다.

두 번째 꿈이 이뤄졌을 때 나는 다음의 5가지 행동을 하고 있다.

기적지도 세 번째

세 번째 꿈이 이뤄졌을 때 나는 다음의 5가지 행동을 하고 있다.

네 번째 꿈이 이뤄졌을 때 나는 5가지 이정표대로 살고 있다.

기적지도 다섯 번째

다섯 번째 꿈이 이루어졌을 때 이정표대로 다 이루어져 감사하다.

꿈을 이루는
기적지도

초판 1쇄　**인쇄** 2021년 12월 30일
　　　　　　발행 2022년 1월 5일
지은이　　엄남미
펴낸이　　엄남미
디자인　　고은아
펴낸곳　　케이미라클모닝
등록　　　제2021-000020 호
주소　　　서울 동대문구 선농로 16길 51, 102-604
전자우편　kmiraclemorning@naver.com
전화　　　070-8771-2052
ISBN　　 979-11-974595-9-7 13300
ⓒ 엄남미, 2021
값　15,000원